为了使青少年更多地了解自然热爱科学我们精心编写了这本书这是一本科学性和趣味性并存的著作，希望青少年朋友能在轻松的阅读中了解变幻莫测的大千世界，了解人类与自然相互依存的历史。只有这样，我们才能更理智地展望未来。

古老文明

本书编写组◎编

GULAO
WENMING

世界图书出版公司

广州·北京·上海·西安

图书在版编目（CIP）数据

古老文明／《古老文明》编写组编 . —广州：广东世界图书出版公司，2010.4（2024.2 重印）

ISBN 978－7－5100－1990－6

Ⅰ . ①古… Ⅱ . ①古… Ⅲ . ①世界史：古代史：文化史－青少年读物 Ⅳ . ①K12－49

中国版本图书馆 CIP 数据核字（2010）第 049988 号

书 名	古老文明	
	GULAO WENMING	
编 者	《古老文明》编写组	
责任编辑	张梦婕	
装帧设计	三棵树设计工作组	
出版发行	世界图书出版有限公司 世界图书出版广东有限公司	
地 址	广州市海珠区新港西路大江冲 25 号	
邮 编	510300	
电 话	020-84452179	
网 址	http://www.gdst.com.cn	
邮 箱	wpc_gdst@163.com	
经 销	新华书店	
印 刷	唐山富达印务有限公司	
开 本	787mm×1092mm 1/16	
印 张	13	
字 数	160 千字	
版 次	2010 年 4 月第 1 版 2024 年 2 月第 9 次印刷	
国际书号	ISBN 978-7-5100-1990-6	
定 价	49.80 元	

前　言

　　人类历史发展的长河中，曾经诞生了诸多古老而灿烂的文明。在今天看来，古人类在生产力水平和科技能力不发达的情况下，创造了让我们今天的人类赞叹和惊讶的古文明，这些文明有的曾经辉煌一时，有的曾经影响深远，有的充满了神秘色彩，但到了今天，大多湮没于历史的尘埃中。

　　发现和认识这些文明也不是一件容易的事情，有的古文明是来源于人们千万年来的传说，有的是通过今天的考古发现才为人们了解和知晓的；而有的依然躲藏在历史的尘埃中，让人们无法了解真相。

前
言

　　人类今天的文明，并非是无水之源，人类昨天的历史，成就了今天的文明。探索和发现这些古老文明，对人类了解自己的发展历史，总结经验教训，展望人类的未来具有十分重要的意义和作用。

　　《古老文明》是一本介绍地球上古代各个地域人类文明成果、文化奇迹的考古发现书籍，主要包括亚洲古文明、非洲古文明、欧洲古文明、美洲古文明等内容。在本书中，你可以发现神奇的苏美尔文明，埃及金字塔的魅力和神奇，神秘的巨石谜阵，奇异的水晶头骨，以及探索印加帝国的藏宝圣井等内容。

　　阅读和了解这些人类古老而辉煌的文明，你可以开阔视野，了解人类历史，认识和发现新奇的古文明世界。同时，你也可以丰富自己的古文化知识，提高自身的历史文化素养。

古老文明

《古老文明》告诉我们，人类历史文明，都是不同的历史人群创造的文明的产物，每一种文明的发生、发展、演变，从盛极一时到销声匿迹，都有其自身独特的历史轨迹。

沿着本书走下去，你会发现一个个文明奇迹，一个个充满神奇与魅力的古代文明世界。在同这些文明奇迹的心灵对话中，你可以更深切地感悟历史，感悟人类，也更能体会到人类古文明的魅力所在。

目　　录

第一章　亚洲古文明

古老文明

第二章　非洲古文明

第三章　欧洲古文明

第四章　美洲古文明

目
录

古老文明

第一章　亚洲古文明

第一节　古老而神秘的中国文明

喇家村之谜——史前大灾难

在历史研究中，有着特殊地位的喇家村遗址，位于我国西部青海省民和县南部黄河北岸二级阶地的前端。这里地处青藏高原边缘，海拔相对较低，气候较为温暖。经过考古发掘后，人们发现喇家村到处散落着新石器时代的陶片和石器，就连那些干打垒的厚墙里，也包着许多陶器碎片，有时还夹杂着石器和玉料等。

喇家村遗址因早年出土齐家文化大型玉璧和玉刀而被发现。在不少喇家村民的家中，或多或少都有他们收藏的古物，因为村民但凡动土，都会发现古物，他们对此司空见惯、习以为常，世世代代的村民没有觉得这方土地有什么不同，但对考古学界来说，这样的发现意义就十分重大。但遗憾的是，许多这样的文物都悄无声息地流失了。也正是这些古时的礼仪重器、现代的珍贵文物，将人们的注意力引导到了这座古代遗址上，将历史学家的眼光聚焦到这个偏僻的山乡。

长期以来，人们一直认为中国的西北地区贫穷落后、文明不发达，而喇家村遗址中不断出土的大量精美的文物却证明了在4000多年前的史前时代，黄河上游地区就曾经有古人类的活动，而且也说明他们还创造了相当灿烂的古文明。

也正因为如此，一个巨大的疑问出现在历史学家的面前。从考古证据来看，在4000年前左右，这一地区的人类活动突然消失了！到底是什么让喇家村地区的文化离开了历史发展的中心舞台？难道有史前灾难突然发生吗？喇家村地区恐怖的史前灾难到底是什么原因造成的？整个黄河上游及西北地区史前文明的衰落，是否和喇家村文明的消失有着相同的或高度关联的原因呢？

解答这个疑问的关键，就是揭开喇家村出土的大量的史前人类尸骸身上的疑云。村民们经常从农田里挖出死人的尸骨，但让人匪夷所思的是这些尸骨大多身首异处，他们既不像在墓穴中，也不是在某种特定的环境里，而是随意裹挟在泥土之中，这到底是什么原因造成的呢？

1999年秋，考古学家在喇家村遗址进行了一次小规模的试探性发掘，意外发现一段又深又宽的壕沟。这是一处拥有宽大环壕的齐家文化大型聚居遗址，面积大约在20万平方米，其规模之大，可以说是十分罕见的。遗址内埋着当时的一些房屋建筑，壕沟内外还有同时代的墓葬发现。与遗址过去出土的一些重要器物相比照，可以看出，这里极可能是一座史前时代的城市，当时这里也许是盆地里的一个政治甚至是经济中心，也有人推测它是一个小王国的所在地。

2000年，在喇家村遗址的发掘中，考古学家又有了意外的发现。在喇家村遗址东北角发掘出4座齐家文化房址，这些房址全部是半地穴形，保存的墙面不高且都抹有白灰面。这样的建筑并无奇特之处，但惊奇的是其中3座房址内都发现有不同寻常的死者的遗骸！

通过细心的发掘，人们发现，在喇家村遗址房址中发现的这些死者，死时状态各异，年龄不同。根据检测鉴定，考古学家确定了3号和4号房址内死者的性别和年龄。这两座房址内抱着孩子的长者都是女性，年龄都在30岁左右，她们应当就是孩子的母亲。4号房址内母亲怀中的孩子不到2岁。3、4号房址内的16人中经鉴定确认为男性的只有3人，其中2人均在18岁以下，只有1人超过40岁。

4号房址内发现人骨多达14具，这是典型的齐家文化白灰面半地穴式建筑，面积约14平方米，门朝北开，中心有圆形灶址。

14 具人骨呈不规则姿态分布在居住面上，他们姿态各异，有匍匐而死，有侧卧而亡，有相拥的，有倒地的。在西南部，5 个人集中死在一处，他们多为年少的孩童，其中有一年长者似乎用他的双手护卫着身下的 4 人，5 人或坐或倚或侧，头颅聚拢在一起。站在中间火灶部位的小伙子举起双手，像是要托起就要倒塌的房顶。门口的中年汉子像是要挡住什么，结果被冲倒在地。紧靠西面墙壁的是斜倚在地上的母亲，怀中是刚满周岁的婴儿。东南角有 5 人相拥在一起，有一位壮年人以身体保护几个未成年的孩子。西北角也是 5 人在一起。

在相距不过 2 米的 3 号房址中是一对母子的遗骸，两人死时的位置也是在房址的东墙边，母亲双膝着地跪在地上，臀部落坐在脚跟上，用双手搂抱着幼儿，幼儿依偎其怀中，双手紧紧地搂着母亲腰部。在 4 号房址东面不远的 7 号房址中，也发现一对母子，母亲也是坐在地上，用她的身体保护着孩子，最终还是双双死于非命。这封存了 4000 多年的一幕悲剧，在今天看来依旧让人惨不忍睹。

这到底是天灾，还是人祸？到底是什么原因夺去了这么多无辜的性命？中国社科院考古所的王仁湘研究员在一次报道中指出，喇家村遗址的这次发掘，发现了很难见到的史前时期的一次空前恐怖的大灾难的现场，上述场景让人们看到了 4000 多年前母亲以自己的身体保护孩子的深情。

学者们推测，这次灾难最有可能是一次特大洪水的侵袭，洪水夺去了这里许多无辜者的生命。北京大学环境考古学专家夏正楷教授考察了喇家村遗址的古环境状况，他看到发掘出的几座房址内部充填有大量棕红色黏土层，中间还夹有河沙，认为这都是黄河洪水泛滥的产物。

夏正楷教授推测，在洪水泛滥时，汹涌的洪峰涌进了居民的半地穴式建筑，淹埋了来不及逃跑的房中的妇女儿童。依现在的地势看，这一块比较高一些，也许是当时躲避洪水的最后高地。可以看出，这次洪水来得非常凶猛，人们连抗拒的办法都还没有想出，灭顶之灾就降临了。从他们死亡的状态可以想象出他们绝望的表情，可以听见他们绝望的呼救，尤其是那些无可奈何的母亲，她们搂着自己的骨肉死去，是多么悲惨的情形。

在调查中夏正楷教授发现，喇家村所在官亭盆地的黄河二级台地上，都有棕红色黏土层发育，这是黄河主流泛滥的重要见证，由此他推测盆地在 3000～4000 年前处于洪水多发期。夏先生认为这个发现表明古人类在突变灾难面前的无能为力，也为研究黄河泛滥与黄河文明提供了难得的科学资料。但也有人认为这些死者生命的突然丧失有宗教及其他原因，随着喇家村遗址的不断发掘，可能还会发现更多的相关迹象。

喇家村遗址可能就是在那场突如其来的大灾难中毁灭了！从出土的大型石磬和玉刀、玉璧分析，这个遗址在当时并不是一个普通的原始村寨。在民和县博物馆里，王仁湘研究员仔细观察了喇家村出土的大型玉刀和玉璧，并认为，由此想象得出它们的主人是多么的威严。据说，有时在一个死者的身上就发现多件这样的玉璧，这让人想起长江下游良渚文化中曾有类似发现，说明它们之间有着相同的宗教仪式，所以就有形状相同的一些玉礼器。

喇家村先民遗骨

王仁湘研究员还发掘了一件大型石磬，它可能是一座墓葬的随葬器。石磬采用一块板材制成，方方正正，长 96 厘米、宽 61 厘米、厚 6 厘米，它是目前中国考古所见最大的磬，可称得上是黄河磬王。它仿制同时代长方形石刀的形状制成，与传统所见的弓背曲尺形磬不同。

喇家村遗址巨磬的发现，在很大程度上提升了遗址的等级，它是该遗址作为中心聚落乃至一个古国城堡的重要标志之一。中国史前时代末期就已出现了磬，它在早期是一种礼乐器。山西襄汾陶寺遗址 3015 号墓曾出土一件人工打制石磬，长度达到 80 厘米，在当时已是巨磬。陶寺大墓中一般都有与鼍鼓共存的石磬。

这两种乐器在商代王陵和方国首领墓中也曾出土过，它们是王室和诸侯专用的重器。据此，一些学者有理由认定，鼍鼓和石磬应当是文明形成的一个重要表征。喇家村遗址磬王的主人或许只是一个小国的国君而已，但他所占据的也是一个王位，他所拥有的依然是君王的权威。

一场大灾难毁灭了一座城堡，夺去了许多人的生命，喇家村遗址的发掘让今天的人们真切感受到了发生在黄河岸边的那场史前大灾难。对它的继续发掘，也许会让人们了解更多的先民留下的谜案。

夏墟文明之谜

对夏文化的认识，是历史学界和考古学界长期以来研究的重大课题，多年来一直是一个悬而未解的谜案。夏朝，这个传承 14 代 17 王，近 5 个世纪之久的奴隶制王国，既有文献记载，又有民间传说，难道没有给我们留下一点"实证"痕迹吗？自禹至桀的漫长岁月里，其都城建在何处，考古界一直努力去寻找，研究者力图将文献记载与考古发掘相结合找出答案。

解决夏墟问题，必须要先解决的是夏文化问题，而要在解决夏文化问题之前，还要了解清楚夏文化人民活动的范围。

根据文献记载推测，夏人活动的大体范围，西起河南西部、山西西南部，东至今河南、河北、山东三省交界的区域，南接湖北，北入河北；夏朝的统治中心则在今河南西部、山西南部地区。在中原历史舞台上，夏文化无疑具有十分重要的地位。

"禹居阳城"的说法在文献中有多处记载：《孟子·万章（上）》记载："禹居阳城。"《世本·居篇》："禹都阳城。"《史记·封禅书》正义引《世本》："夏禹都阳城，避商均也"。《史记·夏本纪》："禹辞避舜之子商均于阳城。"

文献中记载"禹居阳翟"的说法也不在少数。《史记·周本纪·集解》引徐广曰："夏居河南，初在阳城，后居阳翟。"《史记·夏本纪·正义》引《帝王世纪》有这样的描述："禹受封为夏伯，在豫州外方之南，今河南阳翟是也。"《元和郡县图志》卷五河南府阳翟县有如此的条陈："阳翟县本夏禹之所都，春秋时郑之栋邑，韩自宜阳移都于此。"据《史记·封禅书》正义引《世本》记载："夏禹都阳城，避商均也。又都平阳，或在安邑，或在晋阳。"《史记·孙子吴起列传》："夏桀之居，左河济，右泰华，伊阙在其南，羊肠在其北，修政不仁，汤放之。"

看来，夏禹之都应该不会超出以上范围。但是，史书所载地名，与现实地名出入较大，后人说法纷纭。例如阳城，有的学者说在颍川郡阳翟县（今河南禹县）；也有学者说在嵩山南（今河南登封县）；还有人说阳城就是唐城（今山西翼城县西）；也有说阳城在泽州（今山西晋城）；另外还有阳城在大梁（今河南开封）的说法，等等。

《国语·周语》、清代洪颐煊《筠轩文钞》中有"禹居阳城考"，论述甚详。近年来，在属于阳城的河南登封境内，发现了我国目前最早的城堡之一——王城岗城堡遗址。但是，要确定一处古代京都，首先要解决的是夏文化问题，只有确立了夏文化，才能集中到探索夏都的范围上来。

早在 20 世纪 40 年代，有学者认为仰韶文化是夏文化，也有人认为龙山文化是夏文化。因当时积累的考古资料有限，研究者也只能做一般的推测。1959 年进行的"夏墟"调查，正式展开了对夏文化的探研工作，渐渐把夏王朝的疆域集中到河南境内

河南夏文化古遗址之一

的豫中、豫西，山西境内的汾河中下游，特别是汾、浍、涑以及沁、丹水流域。近年来，随着考古资料的不断累积，学者们也做了大胆的探讨，提出河南龙山文化晚期和二里头文化一、二期为夏文化遗存；有人单独把二里头文化一、二期列为夏文化遗存；还有专家把二里头文化一至四期列为夏文化遗存。

随着河南登封王城岗遗址的进一步发掘，不少人认为所谓"禹居阳城"与今日王城岗存在着一定的关联性，有人认为王城岗遗址的发掘是夏文化探索的重要收获。文献记载中禹与阳城的关系是密切的，而王城岗遗址所在地理位置与文献记载中的夏都阳城基本吻合。但是，一个文化的确立，特别是一个奴隶制王国都城的确立，应该有令人信服的材料。夏鼐先生认为，关于夏都问题，"一般的探讨过程中，应该首先确定遗址属于某一王朝，然后再确定它是该王朝的京都"。又说，"如果这遗址属于夏文化，也仍有是否有都城的问题"，"所以，这里首先要解决的是夏文化问题"，一旦夏文化解决了，夏墟之谜也就不难破解了。

从文献记载中可以看出，与商朝一样，夏朝的都城也曾多次迁徙，但可以看出，夏朝的都城始终围绕着河南西北部和山西西南部这两个中心。《左传》定公四年杜预注："夏墟，大夏，今太原晋阳也。"定公四年，"命以《唐诰》，而封于夏墟"。由此而产生了夏墟位于"晋中太原"说和"晋西南"的说法。

史书中对夏墟地望的记载比较分散，传说也多，而且夏文化遗址的分布也较普遍，因而缺乏足够的材料加以论定。不能不注意到，夏王朝活动的中心和夏王朝统治的区域应该轻重分开，在探索夏墟问题上，应该从大范围考虑，尔后集中到中心方面来。不管禹居阳城，或阳翟，或安邑，或晋阳，被禹所居过的地方，不一定就是夏朝的都城。夏王朝是否在此建都，还应与有无大型或典型夏文化遗址的材料相印证。

让我们用更加开阔的目光来探寻这个问题的答案，也许，夏人的文化源头应该到具有游牧民族特点的北方细石器文化中去寻求，这样可能会得到意想不到的结论。

在中国北方，特别在长城以北，从东北沿内蒙古草原到西北的宁夏、甘肃、新疆以至藏北高原，以细小打制石器为特征的细石器文化，是具有典型性的北方新石器时代的主要文化。它们的特征一致，地域相连，统一构成了我国北方草原、沙漠、高原地带从事农牧和狩猎的古代民族的大文化。考古学上称它为"北方细石器文化系统"。

何谓细石器？是指采用天然石髓、玛瑙和燧石制成的细小石器，常见种类有石核、石叶、石钻、石镞等，具有轻便、适合携带的特点，非常适应迁徙不定的游牧生活。

何谓细石器文化？并不是只有细石器，不完全排斥大型打制和磨制石器，只是细石器所占比重较多，所以用细石器概言之。细石器文化也使用陶器，均为手制，质粗形简，器面多"之"字形纹。骨器有骨刀、鱼镖、骨锥等。

玉琮

北方细石器文化主要遗址有：

昂昂溪：在黑龙江齐齐哈尔附近。

林西：在内蒙古昭乌达盟林西县锅撑子山。

富河沟门：位置在内蒙古昭乌达盟林东镇北 70 千米，乌尔吉木伦河东岸。

玉龙

以上遗址地域相近，据推测，这类细石器当属于东胡族文化，与鲜卑、乌桓、山戎先世有关。

万里霍通：位于黑龙江东部桦川县。

新开流：位于黑龙江东部密山县。

小南山：位于黑龙江东部饶河县。

以上遗址地域相近，据推测，这些属于肃慎族文化，与女真族、满族先世关联紧密。

红山：位于内蒙古赤峰市。

新乐（下层）：位于沈阳市北郊。

小珠山：位于辽东半岛以南的广鹿岛。

大口（元峁圪旦）：位于内蒙古准格尔旗。一期遗存的陶器主要是泥质和夹砂灰陶，纹饰主要是篮纹和绳纹，也有少量附加堆纹和划纹。器形有罐、瓮、豆，也有细石器。根据推断，其年代相当于龙山文化二期遗存，要晚于夏商时期。

转龙藏：位于包头附近。其陶器与大口一期遗存相似，如篮纹的盆、罐，纹饰有箆点纹。有数量较多的细石器，在年代上应与大口一期遗存相近。

阿斯塔那：位于新疆吐鲁番县。其中，打制石器中有刮削器、尖状器、砍砸器及磨盘、石球等。细石器别具特色，有条形石片、刮削器、镞、石核。条形石片长1～3厘米，刮削器一般经精细加工，镞有柳叶形、桂叶形、三角形和菱形的，让人看上去爱不释手。陶片全为砂质陶，器形有小口罐、瓮、钵等，纹饰有附加堆纹、压印的箆点纹和划纹。

萨拉乌苏：位于河套南部萨拉乌苏河（即红柳河）沿岸。石器多偏细小，缺乏大型的打击石器。年代应为距今3.7万～5万年。当时，这一地区气候温和，淡水湖沼星罗棋布，草木丛茂，活动着成群的鬣狗、披毛犀、诺氏驼、河套大角鹿、王氏水牛、原始牛、蒙古野马、

萨拉乌苏遗址

赤鹿、普氏小羚羊等，与现今的情形大不相同。

峙峪：位于山西省朔县。其特征是细小石器和小石片为主要成分。明确地发现了石箭头，说明当时已使用弓箭，文明程度向前推进了一大步。哺乳动物化石以野马、野驴为多，动物资源丰富。峙峪动物群与萨拉乌苏比较，其时代大体同时或稍晚。经测定，遗址距今约3000多年。

虎头梁：位于河北省阳原县。石器原料以石英岩为主。在各种形式的石核中，楔形石核占绝对优势，这一地区的特色十分鲜明。其中台面平而呈角形的，与萨拉乌苏文化中的相同；另一种

古老文明

是台面向石核的隆起的一面倾斜，为虎头梁所特有。这两种独具特色的石核，对于研究中国华北以至东亚、东北亚、西北美的旧石器文化，以及说明这一广大地区细石器类型文化的起源问题，都具有一定意义。

许家窑：位于山西省阳高县。石器类型以刮削器为最多，其中一种短身圆头刮削器，小圆弧形的刃经过精细加工，工艺更加精细，与后来细石器遗存中"拇指盖刮削器"有着继承发展的关系；一种原始棱柱状石核，从打制的台面周围边缘剥落石片，是后来细石器中常见的典型棱柱状石核的母型，与中原地区农谷作物的加工器具类似。遗址中共存的哺乳动物化石有诺氏古象、野马、披毛犀、河套大角鹿、普氏羚羊、原始牛等，说明当时这里的气候炎热。采用铀子系法测定许家窑遗址动物牙齿化石，年代为距今10万年左右。研究者认为，许家窑—峙峪—虎头梁，地域上互相邻近，制作技术同属华北以小石器为显著特征的文化系统，器具形式接近或相似，应当是代表了这一支具有连续性发展序列的文化上的几个重要环节。

细石器的存在和发展是与狩猎业密切相关的。许家窑人主要以狩猎野马、野驴为主。在其遗址中，让人惊叹的是，野马一类骨骸就发现了300多匹。猎物的增加，促使相应的小石器发展壮大；大量食用肉类，促进了人类头脑的进化。细石器中最多的工具是刮削器，专门用于割剥兽皮。因为日渐

三星堆出土的青铜面具之一

增多的猎物要求人们必须改进剥皮工具，一方面是对石器的刃部精细加工，使其器型更加细小，刃部更加锐利，以提高剥皮速度；另一方面则要增加器物的种类，各种各样的工具为适应各部位剥皮的需要而被发明出来。许家窑人还发明了石镞，尖端周正、锋

利，并带有短柄，可以绑在木杆上组成箭。箭的发明延长了人类的手臂，人们捕获的猎物更多。许家窑人的后裔峙峪人也使用弓箭，在峙峪遗址中发现的动物化石中，野马达 120 匹，野驴为 88 匹。峙峪人和许家窑人一样，都是善于猎马的氏族，因而被人们称为"猎马人"。

以上地区皆属殷商时代鬼方、土方、音方的活动范围。直到春秋时期，山西和河北北部仍是戎狄之地，由此我们推断，这一地区的细石器文化都是北狄人或夏人的文化。在所有这些细石器文化中，以山西省北部的许家窑文化最为古老，也最具典型性。如果要寻求夏文化的源头，晋北的许家窑可能是最恰当的选择。

三星堆出土的青铜面具之二

近年来，在蒙古和西伯利亚地区，曾出土为数很多的青铜短剑和铜刀，其中呈曲柄或曲刃的一种最具民族特色。柄端呈龙蛇状。这种装饰花纹与中国河北、内蒙古地区出土的式样极其相似，初现了中国龙文化的源头。其中鄂尔多斯发现的龙首匕，龙首张嘴，圆眼，蘑菇柱状角。其角与晚商金文中"龙"字的造型相同。龙身，以长方点状纹表示，属于蛇纹的写实状态。古代传说中的龙，是一种类似蛇和鳄鱼的爬行动物，以上出土的龙首形青铜短剑和钢刀，正是表现了龙的虚幻形象，显示出龙的力量与刀剑的关系，是原始宗教动物崇拜的产物。夏人有"己"姓，"己"正是蛇的象形，所以考古学家称这些龙首青铜兵器是夏族的文化遗存，是中国龙的重要始祖。西周以后，这种蛇纹青铜器发生变化，龙首简化，蛇纹变成了叶脉纹或网状纹，但仍然是蛇身的花纹和蛇脊骨的模拟，可以看出，这一时期，龙与蛇的关系紧密起来了。后来发现的鄂尔多斯式动物纹，主要的纹饰变为羊、鹿、虎和马等形式，与人们的动物崇拜相促进，就是在夏文化的蛇纹等动物纹的基础上发展起来的。尽管它在一定程度上受到夏、商文化的影响，但它绝不是夏文化，也不是商文化，显然自有来源。

史载夏的发祥地在崇山。《国语·周语》称："昔夏之兴也，融降于崇山。"又说："其在有虞，有崇伯鲧。"崇山位于何处？考古工作者在山西汾水下游及浍水流域之间，发现了多处龙山文化类似的遗址，其中陶寺遗址被众多学者认为与夏文化有关。因为几座早期大墓中都出现了彩绘蟠龙盘，显然是夏族部落崇奉龙为神物的原始标志，体现出了龙文化的特色。陶寺位于崇山西麓。《读史方舆纪要》："崇

商相伊尹像

山在（襄汾）县东南四十里，一名卧龙山，俗名大尖山，南北连亘长二十余里。"《史记·司马相如传》正义引张揖云："崇山，狄山也。"陶寺遗址正在古崇山下，是目前发现的晋南的一个大型龙山文化遗址，出土物品丰富而别有特色，龙的形制更加突现，不是中原他处同时期的文化遗址所能比拟的，在地望上，正与汾浍间的夏墟地理位置相吻合。崇山又称狄山，正指明了戎狄夏族人居住在此地。

《左传·定公四年》说到周初封建的情形时称："分唐叔以大路、密须之鼓、阙巩、沽洗、怀姓九宗，职官五正；命以《唐诰》而封于夏虚。启以夏政，疆以戎索。"杜预注："索，法也。太原（指夏墟）近戎而寒，不与中国同，故自以戎法。"这表明，直到周初，晋地仍保存着戎狄的生活习惯，处于游牧与农耕的边缘状态，不得不根据其旧有风俗，以戎法治之。直到春秋时代，太原地区仍使用戎狄语言。这些证据说明，山西很可能是夏文化的发源地。

河南和山西，到底哪个更有可能是夏文化的遗址？相信随着

考古事业的迅速发展和考古资料的不断积累，破译夏墟之谜，一定为期不远。

探秘楼兰古国

20世纪初，瑞典探险家斯文·赫定到我国西北探险。他在塔克拉玛干大沙漠以东、罗布泊西北处，意外地发现了一座被茫茫沙海掩埋了的神秘古代城池。虽然饱经岁月流逝，风沙侵袭，然而城郭依旧，佛塔、圣殿残迹犹存，当年的景象就如静止的一般展现在发现者的眼前。这一发现引起了世界轰动，各国科学家纷至沓来，考察探索，希望揭开其神秘的面纱。经研究，科学家们一致认为，它是建造于四五千年以前的、曾以其灿烂的文化、繁荣的经济和强盛的国力炫耀于世的楼兰古城的遗址。这座神秘古城是在一千多年前由于某种原因而逐渐毁灭的。

在今天被人们称作"千里无人烟，干燥无水源"的罗布泊地区，历史上曾经有一个自然条件优越、农业发达的文明古国时期。历史学家们誉之为"丝绸之路"上的一颗璀璨的明珠。考古学家发现，远在新石器时代，这一带就有人类活动，到了

楼兰故城遗址碑

汉朝，罗布泊一带成为新疆发达的农业、畜牧业地区。公元前126年，张骞出使西域归来时经过此地，看到了当地的富足，曾向汉武帝报告说："楼兰、姑师邑有城郭，临盐泽。"还说楼兰"出玉，多葭苇、柽柳、胡杨、白草，民随畜牧逐水草，有驴马"。当时的罗布泊水量丰沛，草木茂盛，湖面上水鸟成群，到处是渔歌帆影。位于罗布泊西岸的楼兰王国就占有得天独厚的自然条件，河渠纵横，农牧业都很发达。由于它处在东西交汇的"丝绸之路"要道，来往于这里的各国使臣、商贾、游客络绎不绝，成为人们向往的地方。

公元 3 世纪后，由于流入罗布泊的塔里木河下游被流沙淤塞，环境急剧恶化，土地严重干旱，楼兰古国风沙渐起，慢慢被流沙吞没。1900 年 3 月，瑞典探险家斯文·赫定率领的探险队沿着干涸的库鲁克河南行，他们发现沙漠中有几间破屋，还从废墟中偶然发现了一些古代的钱币、两把铁斧和几块木刻。29 日，探险队继续在沙漠中行进，由于带的水几乎用光了，斯文·赫定决定在沙漠中还活着的几棵桂柳树旁掘井取水，这才发现携带的仅有的一把铁铲丢失了。斯文·赫定便叫一个给探险队牵马带路的维吾尔族农民于得克从原路返回寻找。

在寻找途中，沙漠中突然刮起了狂风，于得克没有找到铁铲。狂风把地面上的沙丘吹走了，于得克发现沙漠上露出了一些房屋的屋顶和塔尖。

当于得克在黑暗中看到那尖尖的塔顶时，还以为自己来到了魔鬼

楼兰古城遗址

的宫殿。他拾起几枚眼前的古钱和几块雕花木板，慌张地追赶探险队。当他赶上探险队时，他把自己的发现告诉了斯文·赫定。

斯文·赫定兴奋异常，他在 1901 年 2 月带领探险队再度来到这里。幸运的是，他们一行人找到了这座深埋在沙丘中的古城，并进行了挖掘。他们挖出了佛像，找到了古代的货币、陶器，发现了 36 张写有文字的纸片和 100 多块竹简以及绘有图案的丝绸碎片，还发现了叙利亚生产的精致的玻璃器具和来自古波斯国的狮型器皿。斯文·赫定对这些发现兴奋不已，将这些文物带回国，不久就交给德国学者卡尔·希姆莱。

卡尔·希姆莱经过研究后断定，这座古城就是古代有名的楼兰王国。这一消息公布后，楼兰在世界考古学家眼里简直成了"古物的宝库"，冒险家们纷纷赶往这个曾经富足的王国。在开掘

中发现，城中的建筑物使用的梁柱都是长 10 米、直径为 60 厘米左右的大木头，一些建筑的宽厚牢实的墙壁仍然完好地保存下来了。由此可以想到，当年的楼兰王国的宫殿以及其他一些建筑是多么宏伟、壮观。在城中还发现了大量的水渠的痕迹，水渠一直向罗布泊流去，渠旁有干枯的胡杨树，树干的直径都在 1 米以上，这是多么巨大的树木，可见其城市存在的时间之长。在一座土堆旁还发现了一个古墓，墓中有一具少女的干尸，她头戴一顶"毛线"风雪帽，下穿牛皮裤和牛皮鞋，身旁放着一个用友草编的鱼篓，显然是一个农民少女。从众多发现中可以推知，当年的楼兰是一个气候适宜，人们以渔牧为主、生活富裕的江南水乡似的泽国。对于楼兰的衰落与消失，考古学家们大多从自然方面找到了一些原因，但是消亡的人为原因是什么，至今还不明了。

古国楼兰在汉代常遭到匈奴的侵袭，因而时常求助于汉朝皇帝，史书多有记载。公元前 77 年，汉朝皇帝的使者来到楼兰，他向楼兰人提出了一个建议："你们在此常受匈奴侵袭，若能下决心将国家往南迁移，汉朝的军队就能保证贵国的安全。"于是，楼兰人便开始四处流散，背井离乡，逃往异域，最后衰亡，这便是"异族入侵说"。

一些学者认为，由于某种原因造成了丝路古道北移伊吾，不再经楼兰，也是楼兰逐渐消亡的重要原因，这便是"丝路改道说"。可是，丝路改道虽然可使昔日繁荣的楼兰变得萧条，但却不足以使一个人丁兴旺、建筑宏伟的城市毁灭，显然这种说法有些站不住脚。

于是，科学家们又提出了"河流改道说"。由于塔里木河改道南行，注入台特马湖，只有孔雀河一河之水流入罗布泊，水量大减，造成了罗布泊逐渐缩小，以至渐渐干涸。由于严重缺水，楼兰人失去了赖以生存的基本条件，只好远走他乡。这一解说似乎理由充足，但仍难以服众。

气象科学工作者通过多次实地考察，根据大量的文献史实又提出了"气候变迁说"。此说认为，古时的楼兰气候湿润，雨水丰沛，河湖众多。但在公元 3～6 世纪，整体气候逐渐由湿润转为干

第一章　亚洲古文明

15

旱，雨量减少，最终土地沙漠化，楼兰人只好去寻找能够生息的新地方了。但是，"气候变迁说"和"河流改道说"也都有各自的缺陷，因而尚不足以说服人。

1979年，新疆考古工作者在这里发掘出了大批珍贵文物，还出土了一具已有3800多年的古代女尸，立即在国内外引起轰动。这具女尸出土于楼兰遗址，是中国目前出土的时代最早、保存较好的女尸，引起研究者极大的兴趣。

1988年10月2日，中国和日本组织了一支联合探险队，到达沙漠之中的楼兰遗址，目的是解开这个在丝绸之路的十字路口消失了的神秘古国之谜。探险队从敦煌启程，长途跋涉之后，进入沙漠，在沙漠中发现了佛塔和房舍的残迹。此外，还发现了街区，遭受风沙侵蚀

沙漠下埋藏着无数的秘密

的佛塔、房舍、墙壁和日常用具等。探险队对楼兰消失之谜获得了一些初步的线索。

圆沙古城与神秘圆洞之谜

在继尼雅考古取得重大成果之后，1994年，考古学家们又在新疆维吾尔自治区西南部于田县大河沿乡的塔克拉玛干沙漠中心的地带，发现一座2000多年前的人类古城，它位于东经81°31′，北纬38°～52°——这个点恰好在沙漠中央。

维吾尔族人称这里为"九木拉克库木"，意思是"圆沙丘"。这里的沙山的确都是圆的，与别的沙山不同。这座古城堪称"圆沙古城"，是新疆目前发现最早的古城，其年代要早于西汉。人类为什么要在沙漠中心地带筑一座规模如此大的城池？这里又是一个什么样的国家？为什么这样一座规模空前的沙漠之城，竟然不见于任何史料记载，难道他们与外部世界没有任何联系，独立于

世？至今，塔克拉玛干沙漠中发现的所有古城，比如楼兰、尼雅、丹丹乌里克等，在中国典籍中多多少少都有些记载，且很大程度上是靠着典籍指引才找到的。但是，这座沙漠中心的罕见的古城，却不见于任何史书——这叫人实在难以理解。新疆在此之前发现的所有古城，几乎毫无例外地被外国探险家如斯文·赫定、斯坦因、伯希和、普尔热瓦斯等捷足先登，并且经过人工发掘，但这座古城，无论是中外考古者或旅游家，都从未有人涉足。

楼兰古树

斯文·赫定、斯坦因以及中国考古学家黄文弼先生，都到过距离圆沙古城不远的喀拉墩遗址。喀拉墩遗址静静地躺在于田县北的沙漠中，与于田县的直线距离约 190 千米。这个遗址的年代大约在魏晋时期，与新发现的古城相比，要晚得多。或许他们认为，这接近沙海中心的城市，便是人类在沙漠中的最后据点了，他们没有想到一个更大、更古老，也更神秘的古城，正在 40 千米外的沙海里默默地等着人类的到达。

1994 年，一支由多位经验丰富的考古学家和探险家组成的中法考古队员在沙山、沙梁、沙垄间穿行。在茫茫沙漠里，探险队不断发现人类活动的踪迹，一根骨骼，一块陶片……它们像是古人故意留下的路标，引导着他们一步步走向沙漠更深处。正当他们极度疲惫的时候，突然，在远方红色的夕阳里，出现一团浓重的黑色。浓重的黑块在眼中不断清晰、逐渐扩大，渐渐连绵成一条若隐若现的带状——那是人类遗留的城墙！

城墙顶部宽三四米，残存高度也有三四米，以两排竖植的胡杨木棍夹以层层红柳枝当墙体骨架，坚固结实；墙外用胡杨枝、芦苇、淤泥、畜粪等堆积成护坡，十分显眼。墙的拐角处有一些直角的"土坯"。法国考古专家经仔细考察后认为，这并不是真正的土坯，因为它不是经过人工和泥模制成的，而是将河道中的淤泥切割成块，直接砌到残墙上的，可见其原始与古朴。城墙残存473米。城周长约1千米，呈不规则的圆形，颇像一只桃子，南北最长处距离为330米，东西最宽处距离为270米。

城内暴露在流沙之外的有六处建筑遗迹，是因风蚀仅存不足半米的立柱基部，非常显眼。在沙地表层散布着一些陶片、钢铁小件、石器、米珠颗粒以及数量较多的动物骨骼。城有东、南两门。城门关闭着，长长的门闩扔在门后没有拴上。

根据对城墙中残存的木炭进行的碳—14测定，人们发现，该城址年代距今约为2200年。这应该是新疆地区目前发现的最早古城。圆沙古城中没有发现西汉以后的文物，与测定的年代相印证，这座古城应该在西汉以后即被人们废弃了。

考古学家们认为，这种古城一般见于人类早期聚居地，此后都以方城为主。考古学家们怀着某种虔敬的心情，脚步轻轻地走进城去，有人突然看到一只红色的夹砂陶罐，静静地立在沙丘之上。流沙已基本上将古城覆盖，然而这只陶罐却没有被掩埋，像是主人刚刚将它放在这里，而它也在静静地等待着主人的归来。这个陶罐为考古学者第一次走入古城时在流沙上面发现的，在夕阳的余晖中，夹砂陶罐显得异常美丽而神秘。

城池的一切都湮没在流沙里。这座城没有留下自己的历史，连个名字也没留下。入夜，久久难以成眠的考古学家们看着这座神秘的古城，兴奋地说："给它起个名字吧！维吾尔族人称这里为'九木拉克库木'，意思是'圆沙丘'。这里的沙山的确都是圆的，就叫'圆沙古城'吧！"

当时人们为什么要在沙漠中心地带筑一座规模如此大的城？有城就有国，这是一个什么样的王国？有邦就有王，谁是主宰这里的统治者？筑城为御敌，谁要穿越无尽的沙山来入侵这个沙漠深处的城池？弃城为求生，古城的居民到底遭受了什么样的危险以致不得不远走他乡异域？这样一座规模空前的沙漠之城，竟然不见于任何记载。难道他们与外部世界没有任何联系？古城的文化沉积层厚达 1.2 米，这也肯定是经过漫长岁月的累积而成的。在如此漫长的时间里，难道他们竟可以做到不让外界得知他们的任何信息？

1996 年 10～11 月，中法考古专家针对圆沙古城及其周围发现的 6 个墓地 20 座坟墓进行了部分发掘，出人意料的是，发掘的结果不仅没有使古城的面目更加清晰，反而加重了它的神秘色彩。

古城周围渠道纵横交错，情形依稀可辨。其中一条渠道，从遗迹上看，宽达 1 米左右，说明这里先前有着发达的灌溉农业。这些渠道也被视为新疆目前最早的古渠道遗存。

城内发现炼渣遗迹，说明这里有早期的冶炼业。城中散布数量很多的动物骸骨，其中羊、骆驼骸骨数量较多，其次为牛、马、驴、狗，还有少量的猪、鹿、兔、鱼、鸟骨等，说明畜牧渔猎在该城及其周边地区经济生活中有着重要地位。

2001 年 10 月、11 月间对圆沙古城的第四次野外调查工作中，考古队员发现，现在的圆沙古城及其周围地区，除了枯死的胡杨外，古城周围已经没有存活的植被和外露的水源了。

考古学家发现的 20 多座古墓葬，大都因风吹沙走，部分或全部暴露于地面。葬具、人骨已朽酥，个别保存较好的还能够约略看出圆沙人的一些形体特征。他们内穿或粗或细的毛布衣，有的上身穿着皮衣，有的还有帽饰和腰带。毛布分平纹和斜纹，织有几何形图案，图案有的粗犷，有的精细，有的色泽鲜艳如新。头发为棕色或深棕色。男的头发绕成发辫，有的还饰以假发。高鼻深目，看上去，不属黄皮肤的蒙古人种，应为白皮肤的欧罗巴人种。考古学家发掘到一个带柄铜镜，这种铜镜是古希腊罗马文化中独有的。

在圆沙古城中，考古学家们发现了许多神秘的圆洞。城南的圆洞尤为密集，数量最多，大约有 16 个。大大小小的袋状圆洞不规则地排列在沙漠上，黑洞洞地朝向天空，人们难以看见洞里的遗物，它们像是一双双深陷的眼睛，让人猜不透其中的奥秘。

这穿越 2000 年时空的圆洞，有谁能解读从远古射过来的神秘

"目光"呢？也许在挖掉座座沙山，对圆沙古城进行更完整的发掘、更详细的研究之后，会揭开这个谜底。

这样一座颇见规模的城池，为何会消失在流沙之中？为何再也看不到炊烟升起，再也听不到人声喧嚣？是战争洗劫了这座城池吗？尽管考古学家们在城中发掘到了一些铜镞，但却没有找到更多的与战争相关的杀伐痕迹。

在《大唐西域记》中，唐代高僧玄奘讲述过一个在沙漠之中失踪的曷劳落迦城的故事。该城的居民由于不敬神而招致神怒，神降下七天七夜的风暴毁灭了这座城池，从此，无论谁如果企图接近那里，都会"猛风暴发，烟云四合，道路迷失"。

圆沙古城就是传说中的曷劳落迦城吗？考古学家们推测，圆沙古城消失最大的可能之一，与"风暴"——环境恶化有关。圆沙古城本来坐落在一条古河道的东岸，河道清晰可见。圆沙古城的西城墙被河水冲垮了多处，许多地方水渍严重，说明那个年代这里的河水很大。显然，没有充足的水源，圆沙古城不会有灌溉农业，宽达 1 米的古渠遗存已经说明这里的农业曾经有相当可观的规模。

根据卫星照片显示，这里曾是克里雅河一个古老的三角洲。克里雅河发源于昆仑山中段，从南向北流入塔克拉玛干沙漠腹地。这条河流滋润了于田县绿洲，在沙漠深处 200 千米左右消失。中科院新疆分院生物土壤研究所周兴佳研究员实地考察之后，认为克里雅河在古代就如同今天的和田河一样，从南到北贯穿沙漠，汇入沙漠北缘的塔里木河。有史料记载，克里雅河最后一次注入塔里木河大约在 1000 年之前，其后三角洲和老河道渐渐沙化，在经历了漫长的历史演变后，被完全沙化。

圆沙城人生活的那个时代，正处于克里雅河三角洲和河道的干涸并走向沙化的时期。显然，圆沙古城的沙化，是一个渐进的进程。城中 1.2 米的土层中，最底下是淤泥裹和着芦苇，然后渐渐在上面有了细沙，越往上沙化越严重。克里雅河现在消失的地方距北边的塔里木河有 200 多千米，两河之间是一望无垠的黄沙。古老的河流在一步步向后退缩，人类也被迫渐渐从沙漠腹地向外迁移。

环境的恶化过程从植物身上也获得了充分的证明。胡杨树是生命力极强的树种，被人们形容为"生千年不死，死千年不倒，倒千年不朽"，然而在圆沙古城几千米的范围内，考古学家们却没有能够找到一棵胡杨。与此同时，圆沙人几乎所有的生产、生活用品都取自胡杨：筑城墙，做城门，造房子；木桶、木碗、木梳；做饭，冶炼，等等。从这些现象所得出的结论只有一个：过量的采伐导致——起码是加剧了圆沙绿洲生态环境的恶化，可能这是它最终消失的人为的原因。

实际上，我们现在已经很难确切知道圆沙古城消失的真正原因了，但我们可以想象，当最后一批圆沙人挥泪告别这座千年古城时，那凄然、无奈、令人心碎的情景。这些生活在这块土地上的深目高鼻棕发的圆沙人，最后流浪到何处去了？这也是一个谜团。如果他们还生活在现今世界的某个角落，他们的血液里、歌谣中、习俗间、文化积淀中，是否还残存着歌颂圆沙生活的快乐以及失去家园的巨大痛苦？

今天的圆沙古城仿佛是一个古代寓言，它讲述了人类痛失家园的心酸经历，但愿现代人能够从中获得教训，善待生活，更要善待环境，这就是善待我们自己。

如梦如幻的女儿国

在中国西南部地区，有一块神秘得如谜一般的地方，有一个深邃得如同梦幻的湖泊，那就是滇西北高原的泸沽湖，这里世代居住着摩梭人。

在这里，无论是一棵树、一座山或是一片水，处处浸染着女性的色彩，烙下母亲伟大的情感。

于是，这里又被人们称誉为"当今世界唯一存世的母系王国"，"大山深处的伊甸园"，"上帝创世纪最后一方女人的乐土"。这里已经成为一个现代人嘴里的神话，一个为当代世人津津乐道的"乌托邦"。

泸沽湖，人们称为"女儿国"，最神秘之处就缘于这"走婚"

的习俗。情爱生活，在这里被看做天经地义的事情，所以，又有人说这里是"爱的乐园"。

千百年的岁月在这里缓缓逝去，在庞大的母系部落中，摩梭儿女仍然乐此不疲地荡漾在那条古老的走婚路上。

走婚这种习俗，在泸沽湖北边的四川摩梭人中，被称为"翻木楞子"，即指男子在夜间翻越木楞房的壁缝，进入钟爱女子的花楼。在云南摩梭人中，当地人称"走婚"为"森森"，可以理解为"走走"，意即走来走去，晚上去是"走"，早上返回也是"走"。

在这块土地上，哪个男子不懂得风流，哪个女人又不懂风情呢？风流的男人，在这里，人们觉得那是应该的。那些猥琐的、内向的，不敢在情场上驰骋的，反而被人们笑话，说他们是"萎狗"，是不能出头露面的"骗马"。

今日泸沽湖

每到黄昏，脉脉夕阳的余晖铺在女神山上，当蜜一样的晚霞渐渐在天边闪耀时，归鸟的翅膀驮着湖光山色渐渐飞倦了，层层山峦慢慢铺满了阴影，美妙的夜晚即将笼住蓝色的梦。不久，在山边路上，或在湖畔弯弯土路上，常常会看见那些骑着高马赶路的英俊男儿。他们头戴礼帽，脚着皮靴，别着精美的腰刀，跨着心爱的骏马，怀里揣着送给姑娘的礼物，也揣着足够的自信和满腔情思，朝着自己心爱的情人家里悠悠走去。

千万别以为他们可以大摇大摆直接进入女方家的木楞房内，他们不只是要做诸如拴马、喂马的事，然后就来到火塘边——那是会被人笑话的，因为时机还不够成熟。他们只能在村边的草地上放马、遛马，静静等待黑夜的来临，月光下的夜晚，才是属于他们的美妙时光。

夜色浓浓地笼罩群山，夜鸟东一声西一声啼鸣，弯弯月儿静静挂在树梢，随着露水渐渐生起，草丛里声声虫鸣，寒星在夜空中慢慢稠密起来，村里的狗在狂吠，人们渐渐进入了甜蜜的梦乡，属于情人们的时刻这才刚刚来。

这个时候，骑马的汉子才能走近姑娘的花房。如果姑娘很痴情于某个小伙子，并早有约定的暗号，那小伙子进入花楼就简单得多了。约定的信号一旦发出，姑娘会来为他打开房门。按着约好的暗号，或怪鸟鸣叫，或长虫独吟，或夜猫啜泣，或丢颗石子在屋顶，姑娘就会打开花楼之门。但是，如果双方的恋情还不到火候，姑娘为了表示自己的意念或考验男子的本事，她是不会主动开门的，还会加上门栓和门杠。那么，这个小伙子要想进入恋人的住所就非常困难了，因为一般摩梭家全都是四幢木楞房拼合组成的四合院。

如果没有办法从大门进去，那个小伙子就只能翻墙而入了。小伙子整个人贴在姑娘家的木楞壁上，那道走婚的门，始终不为他敞开。他还得防着姑娘家的恶狗。做得不好，走婚不成反被狗咬，那是会传遍几个寨子，成为人们的笑话的。

聪明的小伙子自然还是有办法的。白天，他们从山上捡来已开裂的松果，将饭团揉进松果的裂缝内，等恶狗跑来，就将松果丢给狗，那笨狗咬着那松果跑开了。狗不哼不叫，只顾去啃那个松果了，可是一时之间啃又啃不完，吃又吃不到。趁着这个时光，小伙子便来到姑娘家门口。

摩梭人家的大门家家都是用很大的木板制作的，开门时会发出嘶哑的怪声，容易惊动旁人。有经验的小伙子，早已备好一点香油，将油倒入门轴上，经香油润滑，门就不会发出"警报"。

门总不会自己打开

泸沽湖民居

的，这时，小伙子拔出腰刀，对着里面的门杠和门闩，用腰刀从门缝中慢慢拨开，他就能进去了。

走婚这种方式，融注着浪漫气质，又充满了某种艰辛，但作为婚姻形式，并非无根之木，它有着自己独特的文化背景。

在泸沽湖畔的摩梭人中，历史沿袭母系大家庭的生活模式。血缘以母系而定，财产由母系血统的亲人掌管继承，而没有父系血统的人，只有母亲的母亲及舅舅之类，还有母亲的兄弟姐妹和女性成员的孩子们。在这里没有叔伯、姑嫂、翁媳之类的家庭成员关系。

泸沽湖的候鸟

这样的格局必须依靠着走婚制度来维系。家中的男子，每到夜间就赶到情人家里去过夜，第二天黎明时分又回到自己的母亲家，实行着暮合晨离的走婚制度。

双方所生育的孩子归女方家抚养，男子只承担自己姐妹孩子的抚养义务，所以，在家庭中，他们（即舅舅们）的地位仅次于母亲。在这样的家庭中，实行"舅掌礼仪母掌财"。男女情侣之间，没有太多的经济联系，除了互相赠送一些定情物，并没有共同的经济财产，因为他们并不成立自己的小家庭。他们之间只有情感的联系，一旦双方感情破裂，男的不再上门夜访，或女子不再开门接待，这段情缘就算了结。

双方很少有怨言或仇视，因为他们不必为经济发生纠纷，也不必为孩子的抚养引起纠葛，孩子历来都由女方家庭承担抚养教育的一切义务，从不依靠父亲一方。分开后的男女仍然可以寻访自己最中意的情侣。

在男女青年恋爱时，双方情感的萌动，先期是秘密的，随着感情的加深，才公开来往。一旦公开来往，就不必再像前面提到的那样守夜，男子在黄昏时就可以进入女方家中，与女方共进晚餐，也可以与她们家人一起劳动。

无论男女双方是什么地位，有什么样的名声或来自何家族，长辈从不干涉男方的走婚。有钱有权也罢，家庭显赫也罢，也不过是走婚。他们走婚后，财产和名声仍属于两个各自的家庭，与他们当事人没有太多的关系，所以，他们只注重双方的感情培养。

在灿烂的星空下，在泸沽湖清波的荡漾中，人们仍在歌唱着历史，歌唱着爱情。他们在夜幕中信誓旦旦，在黎明时各奔东西。对外人而言，走婚只能是一个谜团，只有那里，才能生长那种爱情的家园，泸沽湖永远是一个歌颂爱的乐园。

走近"夜郎古国"

知道"夜郎自大"这个成语的人很多，但了解夜郎古国的人少。它来自司马迁的《史记》，原文是："夜郎王与汉使曰：'汉孰与我大？'"即汉王朝同夜郎国比较，哪个更大呢？这样，"自大"的名声也就落在"夜郎"的头上，一戴就是两千多年。然而，有关它的历史情况，知者却并不多。

"夜郎古国"，从战国时期至西汉，的确存在了长达 250 多年的时间。"夜郎王"虽因说了"汉孰与我大"的话，以至贻笑两千多年，不过，从当时情况来看，"西南夷君长以什数，夜郎最大"，而且从"所有精兵，可得十余万"等情况来看，他确实有自大的理由。

不过，"夜郎古国"距今毕竟两千多年过去了，在正统史家的笔下，对这样一个"南夷"小国的大事小事，虽有些记载，却往往语焉不详。

以"夜郎"为地名的古国，随着时过境迁，已不复存在了。后来的学者众说纷纭，连"夜郎古国"的确切位置也没有人能说清指明了。

近年来，随着"夜郎史"专题研究的深入开展，对有关"夜郎"地望、族属、社会性质等一系列问题的研究有了较大进展。

研究工作者首先采用的是对有关史籍上的记载进行考订的传

统方法。研究者根据范晔《后汉书·南蛮西南夷列传》的所载:"西南夷者,在蜀郡徼外有夜郎国,东接交趾、西有滇国,北有邓都国"和《云南通志·夜郎考》的考证,先划定一个"大夜郎国",其范围大致定在今贵州(除去东北部)、广西西北部、云南东部及四川南部边缘一带。但夜郎国的都邑到底在哪里?还有待进一步的考古发掘。

夜郎故地

自 1958 年在贵州赫章县可乐民族乡发现第一批出土文物以来,考古部门先后进行了 9 次发掘,但再次引起国家和考古界关注的还是 2000 年的考古发掘。此次发掘及历年调查有几方面值得重视,一是可乐墓葬分布面大,涉及范围达 3.5 平方千米以上;二是墓葬高密度集中,在 300 平方米的范围内,发掘墓葬 80 多座,其中有不同时期的墓葬叠压在一起,为省内考古罕见;三是延续的时代长,战国、西汉、东汉时代都有大量的文物出现;四是反映的文化底蕴丰厚,大量的出土文物,反映了战国至秦汉时期独特的夜郎民族文化,以及秦汉时期的汉文化与夜郎民族文化相融合的特点。夜郎考古至今已经发掘三批共 2300 余件文物,例如具有典型性、代表性的青铜器。

夜郎国的领地及其影响,遍及包括今贵州省大部分。它统治的中心区域,应该有过迁徙游移。据史料记载,汉武帝平南越时,欲调夜郎精兵 10 万,直下番禺。而史书中也确切指示:"夜郎者,临臧克江,江广百余布。"大多数学者认为,臧克江即是今天的盘江,其下游江水跟珠江相连接。因此,夜郎的中心区极有可能在南北盘江流域。

考古发掘的青铜器、木石器、铁器等生产工具,佐证了《史记》夜郎民族"耕田有邑聚"的记载,说明它已步入锄耕农业。

虽然它比同时期的巴蜀、岭南、荆楚地区落后，但却比那些刚处于游牧或半牧半农的民族进步得多。

无论夜郎处于原始社会末期的军事民主制，还是已进入奴隶社会，甚或其晚期已步入封建社会的门槛，在西南地区的少数民族中夜郎确曾创造了令汉王朝另眼看待的文明。

夜郎到底是哪个民族的先民创造的？这个问题历来争议较大，至今论说不一。有学者认为最早的夜郎人来自周代的徐淮夷中的谢人。

夜郎古国发掘现场

虽然学者们在夜郎的族属上仍有分歧，但大多数学者都肯定夜郎民族中有两大类——土著和外来人口。经过长期的冲突与融合过程，他们与今贵州省内的许多民族有着程度不同的关系。神秘的古夜郎国，对于其真实状况，各种文献记载、考古发掘都难提供使人深信不疑的充足证据。唐代诗仙李白流放夜郎的故事，加上他所写的那些与夜郎有关的脍炙人口的诗篇，以及李白是否到过夜郎——旷日持久的争论都日益烘托了夜郎的声名。

诸多方面的不确定性，造成了更深的神秘感，刺激了人们竞相探寻历史奥秘的好奇心。

文化与宗教的神奇国度——古格遗址

古格王国充满了历史文化之谜、宗教信仰之谜、自然地理之谜，它的神奇让无数向往者遐思不已。古格王国这个具有数百年历史的王国的消失，使得一个融合着东西方文化精华的文明从此在人们的眼中消失。

对于中原人来说，西藏犹如一个充满神秘传奇的童话世界，一个令人仰慕的高原女神。

西藏西部更是遥远，那里有一个被称为"世界屋脊的屋脊"

的神秘高原——阿里高原。它地处我国西部边境，分别与印度、尼泊尔等国接壤，是连接中亚、南亚和东亚三大文明圈的大陆桥，也是西藏自然风光最为神奇的地方。这里有犹如串串珍珠一般晶莹碧蓝的高原湖泊，有驰名于南亚次大陆的宗教圣地神山、圣湖，有世界闻名的鸟岛班公湖，有现代冰川的罕见奇观。

象泉河南岸台地上突兀着的一座残垣断壁的古堡更令人神往，它是阿里神秘古文明的见证。

20世纪30年代，意大利著名的藏学家杜齐曾沿着高原"蜀道"，踏访过这方神奇的土地。但他并没有过多地考证，只是将其简单地称之为"擦巴隆寺遗址"。殊不知，它

古格遗址

就是一千多年前，在这荒凉偏僻的阿里高原上突然出现而又于三百多年前神秘消失的古格王国的都城遗址。

古格王国遗址和其中大量的佛教建筑、艺术品，一些碉堡、暗道、城墙、武器库等历史遗存，构成了阿里高原文化艺术史上辉煌的篇章。

阿里人类活动的历史，至少可以追溯到旧石器时代晚期，谜一样晦暗不明的象雄，是西藏古老文化的发源地之一。在吐蕃王朝建立之前，象雄已是雄踞西藏高原的一个强大的部落联盟，其势力曾达到过波斯和阿拉伯。公元7世纪，象雄被强大起来的吐蕃王国所灭。

吐蕃王国晚期，王室内部争权夺利，斗争十分激烈。王室直系后裔吉德尼玛衮在斗争中失败，逃亡来到阿里，受到布让土王的礼遇，并被拥戴为王，建立"阿里三围"和古格王国。

自吉德尼玛衮在阿里建国，古格王国分封三子，复兴佛教，迎请印度高僧，整顿教义，在阿里不惜重金修建了许多著名寺院。

在弘扬佛教方面，王室成员更是身体力行，屡有出家修行者。西藏佛教后期的重要代表人物就是王子意希沃，他主持修建的托林寺成为古格乃至全西藏最著名的寺院之一。古格王室于藏历火龙年在托林寺举行的火龙年大法会，在藏传佛教的历史上有很大影响。当时印度高僧阿底夏也参加了大法会，大大推动了佛教在西藏的发展，古格王国在西藏的地位也因此日渐提高。

古格王室虽然笃信佛教，但一直坚持政教分离、王权至高无上的原则。这一做法，在政教合一渐成风气的西藏，是较为特别的。然而，元代以来，在西藏确立政教合一体制，却不可能不对古格产生影响。正是在这种背景下，古格王国的喇嘛集团对政权产生了越来越大的兴趣，他们同王室的矛盾也就在所难免。

恰巧此时，乔装打扮混入到朝圣的印度香客中的葡萄牙传教士安德拉德一行数人，经过长途跋涉，最终来到了古格王国的首都札布让。安德拉德不得不庆幸自己运气真是太好了，因为在他给国王送上一份厚礼以后，国王不仅允许他在古格传教，而且还赠出巨款支持修建教堂。

安德拉德以为这次确实找到了通向人口众多、地域广阔的西藏地区的门户。他在给罗马天主教总会的报告中欣喜地说："上帝的力量为我们打开了进入该地的大门……"

安德拉德的到来，成为古格王室与喇嘛集团矛盾表面化、激烈化的导火索。古格王室支持传教士，主要目的就是利用天主教的势力压制喇嘛，平衡教权，巩固王权。

王室虽然采取各种办法大力提倡天主教，但是却未能取得民众的理解与支持。王室不但没有取得成功，反而导致了喇嘛集团的暴动。

就在此时，与古格王国同宗的拉达克王国趁机出兵，占领了古格王国。战争让其都城变成一片废墟。古格王国结束了传承28代、长达七百多年的统治。

古格王国遗址，确切地说是古格王国都城的遗址，位于札达县城西18千米的朗钦藏布的一片高地上。

遗址区东西宽600余米，南北长约1200米，总面积72万平方米。遗址区内地形极其复杂，宛若迷宫，沟壑纵横，既有陡峭的山崖，也有平缓的台地、幽暗的洞穴，区内高度差距近 200 米。

建筑遗址主要分布在象泉河南岸的一座土山上，土山南岸有一个狭窄的山脊与南面的大土山相连；山的东西两侧有泉水流出，均为深沟，是古格王国遗址附近的常年水源。

所有建筑背山面水，依山而建，视野开阔。从远处看，整个建筑群由下而上错落有序，逐层上收，宛若一座巨大的金字塔群，蔚为壮观。

当年，吉德尼玛衮把自己的王都建在了一座岩石山上，这里覆盖着厚土。城堡高达 200 米，占地面积达 18 万平方米，大部分建筑层层而上，依山叠砌，共分 11 层，有寺庙建筑、宏大宫殿，有民居、军事设施。

宫殿建筑集中在山顶，四周是悬崖峭壁，筑有土坯砌筑的城墙保护，只有通过两条陡峭的暗道才能到达王宫。王宫内有三组建筑遗址，分别是国王处理政务、居住的场所。

国王和王族的宫室颇具匠心，小巧别致。国王的"冬宫"建在西部，四周环绕着土坯围砌的城墙。一条长达 50 米的曲道直通其上，又窄又陡，真的是"一夫当关，万夫莫开"。王宫处于整个都城的制高点，居高临下，观察全城十分方便。战时

古格遗址远景

的指挥调动非常有利。这一建筑同时也体现了王权至高无上、君临一切的思想意识。

阿里周围曾经建立过不同教派、不同时期的大小寺庙近一百座。这些佛教建筑分布在王宫以下显著的山坡位置上，拱卫着王宫，犹如众星捧月。

佛教寺院里的塑像、壁画、雕刻的建筑艺术具有西藏西部的

独特风格。它融会了南亚、西亚、中亚古代艺术的神韵，吸收了中原内地、西藏地区不同的艺术风格，科学、艺术、历史价值很高，可称为西藏古代文化的精粹、中华民族文化的瑰宝。

现存寺庙建筑 6 座，其中以白、红两庙最为辉煌，白红相间，土黄色为基调，添了几分色彩。两庙的藏式建筑，风格明显。庙内四壁布满壁画，精美非凡，题材广泛，有各种佛传庆典、故事、礼佛，有商旅运输，有习武场面。

白庙北墙壁上绘有吐蕃历代赞普、古格王形象的画像。红庙南壁的一幅故事画，弥足珍贵，描绘了迎请古印度著名佛学家阿底夏的壮观场面。

山顶小经堂的壁画里，画有天堂里的菩萨和神、人间的裸体侍女、在地狱惨受酷刑的人和魔鬼。置身庙内，人们仿佛在巡游一座宏大的画廊，宗教气息浓厚。壁画中的人物形象栩栩如生，色彩鲜艳夺目，融入内地、印度、尼泊尔、西亚风格，绘画手法高超，浑然天成，给人一种惊奇的赞叹和无限的退想。

古格壁画整体布局严谨，绘制的大像、塑像为主体，四周排列大大小小的神像。不同题材的壁画、卷幅，形式也各不相同：佛界人物神情丰富，很少僵化呆板；神母、佛母、度母、供养天女等被描绘成身材修长、容貌娇美的美女形象，是佛教壁画中最优美的人体画像；世俗生活题材的壁画更是多姿多彩，许多都是画匠的即兴之作。

古格是个尚武的王国，遗址内有暗道、武器库、碉堡，还有城墙。古格人依靠强大的军事实力造就了雄踞一方的王国，最终却又让战争葬送了自己。无数岁月过去了，今天，人们仍然可以在这块沉睡了 300 年的秘境上发现许多散乱的盔甲、盾牌、马骨和箭杆。传说，在与拉达克人的战争中，两军决战的场面尤为惨烈，尸横遍野，刀光闪烁，杀声震天，血流成河。强悍的拉达克人灭掉了自己的兄弟之国后，却没有在这片血染的土地上立足，为了防止古格人卷土重来，他们在胜利的狂欢中把这座城堡变成了一片废墟。

战争固然是一个重要的因素，但综观札达县的地理环境，现在的象泉河绝不是当年的象泉河，沙漠化程度十分严重，当年能养活 10 万之众的这块绿洲，今天已所剩无几了，只剩下了一点点土林和戈壁，这种地貌形态的变化，或许正是古格消失的真正原因吧。

总之，在荒漠中消失的古国太多太多，淹没在沙海里的文明也太多太多，这个难解的历史之谜，是要靠跨学科的学者们，通力合作去探寻才能破解的。

千年历史逝去了，留下的只有这座残垣断壁，缄默肃立，它们岿然不动，屹立于风雨之中。

一个盛极一时的王国消失了，曾有着英雄色彩的古格人也从此不见踪影。他们逃到了何方？城堡悄无声息地卧在阿里高原上，千疮百孔，如同一位历尽沧桑的快要走到人生尽头的老人。

凄美的公主堡

如果你到塔什库尔干旅行，塔吉克人便会如数家珍地向你介绍许多名胜古迹，如石头城、盖孜河古驿舍、香保保古墓群、公主堡，等等。其中坐落在该县达不达乡南 10 千米处一座山峰上的公主堡遗址，是塔吉克人引以为豪的古迹。

克孜库尔干在汉语里就是"姑娘城"的意思，城可以叫做堡，姑娘也可以引申为公主，所以又可以称为公主堡。

关于公主堡，有一个动人美丽的传说。这个故事至今还在塔吉克族中流传，而且更富传奇性、更加形象生动。

相传古时的塔什库尔干原是葱岭（即今帕米尔）上的一片荒川，丝绸之路的开通使这里呈现出生机。后来，有一位汉家公主嫁往波斯，在经过葱岭时，因前方发生战事，交通受阻，滞留在高原荒山中。迎亲的使臣为了安全起见，把公主安置在一座孤峰上，令卫队在山下严加保护、细心守卫。神奇的是公主在孤峰上与太阳神结合，怀了孕。迎亲使团十分惶惧。据公主贴身侍女称，每天中午，有一个俊伟男子从太阳中骑马下来与公主相会。使臣没有胆量再前往波斯向国王复命，就令兵士们在山上筑宫建城，拥戴公主所生的儿子为国王，建立了意为"山路"的盘陀国。人们把王都取名"克孜库尔干",意即"公主堡"。从此,盘陀王室自称"汉日天种",称其始祖母为"汉土之人"。据文献记载,盘陀国是塔吉克族先民于公元 2 世纪建立的地方性政权,公元 8 世纪消亡,但"公主堡"的遗址和城名至今尚存。上述故事虽充满着神话色彩,但它却反映出塔吉克族先民与中原汉族的密切关系源远流长。

塔吉克族男子大都在白色衬衣外穿一件蓝色或青色无领对襟长大衣,右侧挂一把小刀,腰系一根腰带;头戴黑羊羔皮做里、黑平绒做面的圆形卷边高统帽;脚蹬野公羊皮长筒靴;身跨骏马,往来奔驰于雪山、草原间和白云下,显得十分潇洒、威武。

塔吉克妇女的装束鲜艳夺目,更具魅力。她们大多喜欢穿镶有花边的花色或红色连衣裙,下穿长裤,外套黑绒背心,脚蹬红色软底长筒靴。为抵御高原上的大风与寒冷,她们头上总戴一顶圆筒形绣花棉帽。帽的后部较长,可遮住双耳和后颈。青年妇女的帽子上镶有很多饰物,尤其是帽的前沿缀有一排色彩华丽、熠熠闪光的珠子和银链,配以耳环、各种宝石项链和称为"阿勒卡"的圆形银胸饰,显得格外艳丽、娇美,楚楚动人。当她们外出时,帽子外要披一条数米长的红、白或黄色大头巾,迎风走去,纱巾随风飘扬,英姿飒爽,宛如一个个从山巅彩云中降下的仙女。

第二节　神秘的古代东亚、南亚文明

绳纹陶器与日本的"维纳斯"

长期以来,人们倾向于认为日本是一个没有多久历史的国度,认为日本人的先民是从亚洲大陆迁徙过去的。然而,1969 年,日本神奈川县出土的一些陶器,经检测发现,竟是 7000 多年前的产物。这一发现引起轰动。围绕着日本是否世界上最古老文明的发源地以及这些陶器的用途,学者们展开了争论。

随着考古的进展,日本发现越来越多的陶器,最早的居然可

第一章　亚洲古文明

33

追溯到大约 12000 年前，这大大早于世界上其他文明地区。这些陶器是和旧石器时代的陶器一起发现的，而那时的亚洲大陆还没有出现陶器。

土耳其也发现了古老陶器，其年代大约在 8600年以前。

日本这些古老陶器上都雕刻有各种各样的饰

红陶绳纹碗

纹，于是学者们称这一时期为绳纹时代。

日本绳纹陶器的重大发现，引起了世界各国考古学家的广泛关注。

有考古学家们推测，绳纹陶器可能从日本流传到了南美。证据就是，4000 多年以前，南美厄瓜多尔的威尔德瓦地区，陶器制作精致，制作水平甚高，多以贝壳为装饰图案，图案有的刻在上面，有的涂在上面。

以前当地人并没有制陶的历史，只能是从外地引进了制陶技术。

考古学家们将这些陶器同其他遗存物作比较，从制作年代、工艺水平分析，这些陶器很可能来自太平洋西岸的日本九州。

在发掘出的贝冢中，人们发现了各种水产的遗存物，可见绳纹人已经适应了海洋环境。绳纹时代，日本人居然已经会使用独木舟了。

专家设想，有那么一两个绳纹人，在浩瀚的太平洋上，划着独木舟，突然有一天，他们被强风吹到了太平洋的彼岸——南美洲，从而把制陶技术传到了南美土著居民当中。

有的人甚至就此认为，这种设想，在一定程度上论证了日本拥有世界最早制陶技术的可能性。

可是，这些绳纹的用途是什么呢？对此，专家们有不同的看法。

有学者就认为，在开始时这些绳纹是无意识地印上去的。原始人类发现，这些绳纹具有美观的效果，于是就不断地应用在生活中。在历经几千年后，经常的运用以致于让人产生误解，还以为它是一种文字

有的学者并不同意这种观点，他们认为，如果不是出于特殊目的，这些饰纹不会总是在每一个陶器上都出现。

在《日本古陶瓷》中，学者施永安认为，这些绳纹的原形应该是蛇体，是日本人对蛇的图腾崇拜。有些学者对此则持有异议，他们认为蛇信仰多与水稻农耕有关，绳纹时期的狩猎人民怎么会对与生活毫无关系的蛇肃然起敬呢？日本学者长谷不言人在《大系日本的历史 I：日本人的诞生》中认为，这些绳纹体现了日本人对物品的封存、占有及加固，也就是"结缚信仰"，但他没有找出有力的证据，因而也缺乏说服力。关于绳纹之谜，到今天为止仍然没有解开。

在这些出土的陶器中，一些雕刻精细的女性人物陶俑又引起了历史学家讨论的兴趣。这些女性陶俑表情诡异，充满了神秘感，体态丰满，被称为绳纹"维纳斯"。

第一章 亚洲古文明

这类女性形象具有一些显著的共性：双腿叉开、乳房丰满、雕刻细腻。有些腹部隆起，象征怀孕；有的臀部或性器官裸露，展示女性魅力。塑造这些体貌各异、极度夸张的人像，到底出于什么目的呢？考古学家作了种种猜测，提出了各种各样的解释。

"玩具说"认为，这些陶器是专门用来供儿童玩耍的，也就是玩具。因为有些陶器是可爱的动物形象，类似于今天制作的泥偶，用来供儿童玩耍的。

这种观点看似有一定道理，然而从当时的社会发展程度看，生产力尚且极端落后，人类的温饱问题无法得到解决，又如何会去把那些雕刻精细的人物陶像当作儿童玩具呢？当时儿童死亡率较高，而成人的平均寿命也只有二三十岁，人们在不大的时候就必须工作，很少有时间玩玩具。这些耗费体力和精力的物品，应当是为成人的某种目的而制造的。

"替身说"认为，这些陶器是原始日本人在自己生病或遭受苦难时，作为自己的替身。迄今为止出土的人像陶俑中，几乎都存在不同程度的残损，不是缺胳膊就是少腿。许多文明古国都存在着利用陶俑进行巫术活动，以期控制他人或致他人于死地。人们看到，的确有破损的陶俑，却并非所有的陶俑都缺损，且破损部位多是容易脱落的结合处，不能排除自然破损的可能性。把所有的陶桶都定为"替人受灾"未免有些武断。陶俑发展到陶版以后，先民们便集中塑造头部，难以用"替身说"加以解释。

"恶魔说"认为，远古人类生产力水平落后，对自然现象中的许多现象不能做出合理的解释，于是将其归之于恶魔作祟。他们造陶俑用以象征恶魔，对之顶礼膜拜，以求得自身平安。

古代确实存在着偶像崇拜，古人往往把自己惧怕的生灵作为神或恶魔来加以崇拜。然而，陶俑并非凶神恶煞，而且在女性至上的原始社会，将女性视如恶魔似乎也难以说得通。

"埋葬说"认为，出土的陶俑有一些是从岩洞里或巨石底下发现的，这是在某种祭祀仪式之后加以埋葬的。在古代，举行某些祭祀活动时，往往要宰杀一些牲畜甚至活人来献祭。随着社会的进步，塑造的陶俑取代了活人殉葬。

"埋葬说"有一定的合理性。但是在日本，这样的例子仅属少数，绝大多数情况下，陶俑与石器、兽骨、粗陶器皿、骨角器等放置在一起，堆集在贝冢等普通遗址中。

从古代的生殖崇拜和祖先崇拜方面考察，也有学者提出"咒术说"。在远古时期生活环境恶劣，儿童存活率低下。只有群体不断壮大，人类才能生存。人类对自己的来源缺乏了解，认为是生殖器创造了人，因而把生殖器作为圣物加以崇拜。在许多国家都存在着生殖崇拜，人们把女性塑造成生殖器和臀部以及乳房极度夸张的形象，而日本出土的这些女性雕塑正好符合这一特征。因而学者认为绳纹时期的日本人将女性奉为人丁兴旺和丰衣足食的象征，塑像祀之，祈求子孙繁衍、捕猎有获。但有人提出异议，理由是人像陶俑中有些不似女性，比如没有裸露的乳房。

以上几种观点都存在着疑问，于是有些学者另辟蹊径，提出了"外星人说"。此说起源于日本的东北部地区出土了一个鼓眼细目的典型陶俑。该陶俑身穿宇航服，头戴通信器材。当一个美国人得到一些这个陶俑的照片以后，就把照片寄给了美国宇航局，想借此弄明白这些陶俑的真假。但美国宇航局看到这些相片以后，竟然认为这是关于新式宇航员服装的设计造型，由此产生了极大兴趣，并在经过专家的研究后决定采用照片上陶俑设计上的某些构思，以改革宇航服的功能。可是，这个陶俑出土以后，经过专家论证，并且通过碳—14同位素的测定，显示其制作年代至少在5000年以前！据此这些学者认为，很有可能是外星人曾经光临过地球。由于古代的日本人无法认识这种当时极度发达的文明，于是就把他们当作神来崇拜。

绳纹时代是一个以采集、渔猎为主的时代，但据考古学家发现，证实绳纹人在距今9500年前就已经开始定居生活了，并懂得熏制肉。在绳纹后期也已经出现了播种栽培的技术。

有关日本陶俑至今仍众说纷纭，没有令人信服的答案。想要揭开日本陶俑之谜，还需要进一步的考古发现。

伟大的孔雀帝国君主——阿育王

孔雀帝国是印度历史上出现的第一个帝国，它标志着印度社会从宗教运动转向政治发展。

如果说，在中国是长期的帝国统一间隔以短暂的分裂；那么在印度，则恰恰相反——是短暂的统一和长期的分裂。自然这并不是说印度就没有统一。印度也有它的统一，但它是文化的统一而不是政治的统一。印度文化大力强调忠于社会秩序而不是忠于国家，种姓等级制度的地位比任何政治制度都要高这一文化传统便证明了这一特征。

当人们把整个物质世界看做不过是

阿育王石柱头

一种幻觉，对诸如时间和地点一类细枝末节就不会太感兴趣的。印度历史关心的仅仅是能否使印度哲学中的"永恒真理"清楚明白地显示出来。因而，在现有能得到的有限的印度原始资料中，神话、历史和想象总是难离难分地结合在一起。"印度人的数量比我们所了解到的其他民族都要多得多。"古希腊历史学家希罗多德曾这样告诉我们，公元前480年，当泽尔士侵入希腊时，其军队里还有"身穿棉服、肩荷铁头竹箭和竹弓"的印度人。由于文献记载的不多，关于孔雀帝国的历史让人感到扑朔迷离，留下了很多难解之谜。根据一些历史文献的记载及外国人留下的只言片语，我们可以了解到有关印度早期历史的真实具体的史料。

孔雀帝国是印度历史上一个强盛的帝国，在它统治期间，出现了一位伟大的君主——阿育王。

公元前518年，波斯国王大流士率领大军跨越兴都库什山，将印度的旁遮普省也纳入波斯帝国的统治。波斯人的到来，更使得印度河流域迷雾重重，对这段历史，人们至今依然缺少详细的了解。公元前327年，亚历山大大帝杀入这片土地，传说又是另一种景象，这更增加了印度历史的神秘性。

印度目前的文献很少有提及亚历山大，人们所知的只是流传下来的有关他的一些见闻，一些支离破碎的关于土著服饰、商品买卖、种姓法规、死人火葬和港口城市的记载。这些都让地理学家和历史学家找到了发挥想象的空间，从而给亚历山大与印度史披上了更加神秘离奇的面纱。

亚历山大大帝像

亚历山大的到来，其文明与文化的意义远远胜过了战争侵袭，短短两年的驻扎时间及其死后的几年中，他建立的海陆军对于发展海外贸易作出了重大贡献，比如从印度西部经过伊朗、阿富汗到小亚细亚和地中海的商道，发展就极为迅速。但是，由于亚历山大灭亡了印度西北部几个小国，所以在他去世后的几年里，也造就了一大片政治真空。正是在这样的情况之下，孔雀帝国的崛起填补了这一历史空缺。

亚历山大撤离三年后，也就是公元前322年，旃陀罗笈多当年还是一位野心勃勃的青年将领，他夺取了摩揭陀国难陀王朝的王位，建立了他自己的朝廷。在此后几年里，他稳步地朝西北方向大力扩展自己的统治范围，直到他的帝国从恒河流域扩展到印度河流域，并跨越了包括这两条大河的三角洲地区。与此同时，他还组建了一支强大的军队和一个高效的政府来维持他的统治。作为亚历山大继承人之一的塞琉古当上中东的国王后，力图重新获得亚历山大统治过的印度地区，但是旃陀罗笈多没费多大气力地便击退了这支希腊军队。

一年后，也就是公元前304年，塞琉古被迫向印度求和，把印度地区让与孔雀皇帝，并将一位希腊公主嫁给了他。作为报答，塞琉古得到了500头象，他利用这些大象部队，成功地击退了他在希腊王国中的对手。塞琉古与孔雀皇帝之间的媾和标志着孔雀帝国已作为当时的一个强大的帝国立足于世。

旃陀罗笈多的儿子宾头沙罗和孙子阿育王，对于扩大帝国版图都不遗余力，尤其是阿育王。这个在亚历山大大帝侵略军撤退之后的土地上建立起来的印度本土王朝，它的版图一直到16世纪莫卧儿王朝之前都未能被超越。孔雀王朝初定了印度大体上的疆域，而且极大地弘扬了印度古典文化。孔雀王朝第二代帝王宾头沙罗继位后，又征服了印度南部德干高原，印度帝国呈现出极度强大的盛况，第三代帝王阿育王使孔雀王朝成为印度历史上最光辉耀目的黄金时代。

帝国在阿育王时期进入了一个"美丽的国度"，高度发达的公路交通、繁华的经济贸易、川流不息的人群……首都华氏城以美丽的花园、设备充足的公共建筑、沿河9英里（1英里≈1.6093千米）的豪华场所而成为文明的"花城"，富有创意的教育体系吸引着国内外学子前来求知学习。

第一章　亚洲古文明

阿育王是旃陀罗笈多的一个孙子，关于阿育王有很多神奇的记载。

相传阿育王的母亲出生在一个婆罗门的家庭里，是位非常美丽的女孩。一天星相家给她看相，预言她将来会做王后，生育两个儿子，其中一位儿子将成为一位伟大的帝王。她长大以后，父亲就把她带到恒河岸上当时孔雀王朝的首都华氏城，送到王宫去侍奉宫中的嫔妃。王宫中的嫔妃个个都因她的美貌而惊慌，又听到了关于她的预言，于是她们想方设法防范她，避免让国王见到她。但是她并不失望，她心中相信星相家的预言，她相信自己的美貌足以打动任何人。有一天她乘人不备，设法去见国王，国王果然非常喜欢她，决定娶她做王后。星相家的预言非常正确，她果然生了两个儿子，一个儿子成为修道者，一个便是阿育王。

阿育王幼年时十分顽皮，常常违拗父王的命令，他父亲说道："我不愿有这样一个不识好歹、倔犟无礼的孩子，必须叫他尝尝苦头，我将派他带兵打仗去。"恰巧五河地方发生了叛乱，宾头沙罗便派阿育王去平定。宾头沙罗漠视阿育王的死活，连冲锋的象队和战车都不派给他。阿育王不和父亲争论，而是立刻动身，向五河进兵，却出人意料地把叛乱平定了。

大约在公元前273年，宾头沙罗去世，阿育王即位。起初，他要学他祖父一样使人畏服，因此他施行了很多暴行。他听说阴间有地狱之说，便建造了人间地狱，以酷刑惩治犯人。

阿育王即位后八年，印度东南方和南方都不在他的统治下，他要统一全印度，立刻出兵征讨正在兴起的羯陵迦国。尽管羯陵迦国人民奋力抵抗，阿育王的勇猛战士们还是冲进了羯陵迦国的首都。一夜的混战，杀敌10万，俘虏15万，血流成河，尸横遍地。阿育王亲自进城巡视，只见一片瓦砾，到处是啼哭声。

阿育王胜利了，可他心里反而忧郁了，战争的胜利并没有让他快乐。阿育王的人生态度突然发生了急剧的逆转，他不停地反思战争的残忍，他在敕令中写道：

"作为俘虏15万人被带走，杀死10万人，死去的人也许多倍于这个数字。……羯陵迦的征服者为诸神所爱，现在感到很懊悔，感到深深的悔恨和悲伤，因为征服一个以前未被征服过的民族，包含着死亡、屠杀和放逐。……即使那些躲过灾难的人也由于他们始终热爱的熟人、亲属、同伴和朋友所遭到的不幸而极度痛苦。因之，所有的人都承受着不幸，而这一切，会使国王的心情沉重万分。"。

从此以后，阿育王致力于实现和促进佛陀的教义。他渴望有一个"理智、安全，所有人内心都很温和、平静"的未来。他仿效波斯的统治者，将自己的敕令刻在山洞、岩石和专门建造的柱子上。这些敕命与其说是正式法令，不如说是具有国家训诫的性质。它们的共同特点是，告诫人们发扬伟

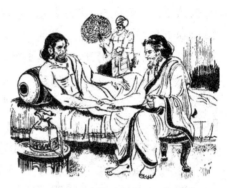

阿育王

大的美德——相互宽容、同情、朴素和尊重各类生命。阿育王关心人民，他兴办了许多并不给国家带来直接利益的公共事业——国家公费治疗的医院，大路两旁的休息场所和果园，分配施舍物给各个教派，派佛教传教团去外国宣传他的伟大思想。

阿育王并不像现在某些人士所言，是印度的君士坦丁。他并没有使佛教成为国教，也没有迫害其他教派。阿育王是一个热心的佛教徒，但对其他的信仰他也予以尊重。在一篇文章中他说："各教派都有别种或一种理由应受尊敬。照这样做，一个人就把自己的教派提高，同时对于别人的宗教也要有贡献。"他对耆那教和婆罗门也予以慷慨的捐助，并帮助各派各教的杰出人士。这不是宗教上的变革，而是一种态度上的伟大改变。他最强调的非暴力主义是和平、宽容，不仅因为这两者是道德上合乎需要的东西，而且因为它们会促进他那复杂且庞大的帝国日渐和谐。政治的统一与文化的统一有时是互相抵触的，印度文明往往在一个更大的范围里增进了文化的统一，却又在另一范围里破坏了政治的统一。这已成为至今为止的印度历史前进的一个模式。

阿育王开始向边陲地区和周边国家派遣了包括王子和公主在内的佛教使团以传播佛教，斯里兰卡、缅甸，甚至叙利亚、埃及等地都有他们辛勤的足迹。这是佛教走出印度，迈向世界性宗教的开始。

阿育王亲自到各地去朝拜佛的圣迹，修建佛塔，访问有名的大德高僧，又在全国的名胜地方的大山崖上，刻上佛的教导，使大众都能看到佛的教诲。考古发现，许多精密完美的木柱，至今还没有人比它造得更好。在印度这个虫蚁丛生而又十分炎热的国度里，这真是个奇迹。阿育王把释迦牟尼的佛教定为国教，他到处朝拜佛迹，供养佛僧，营造佛塔，并把佛教的经、论、律用当时的巴利文写下来，从此佛教才有了正式的经典。这些文物至今还在那里屹立不倒，成为印度佛教史和世界佛教史上的瑰宝。

在阿育王治理下的印度，人民善良、富足。

阿育王的统治被证明是很成功的，在民众中响彻对他的欢呼声。他统治了长达41年的时间，于公元前232年去世，他的名字至今仍受到人们的尊敬。但是，在他去世后的半个世纪里，他的王朝被推翻，他的帝国覆灭了。

摩亨佐·达罗——黄沙之下埋藏着的伟大文明

在巴基斯坦信德省的拉尔卡纳县南部，流淌着滚滚不息的印度河，在河床的右岸，有一座半圆形的佛塔，现已成了废墟，修建年代无人知晓。这里白日狂风沙尘呼叫，夜晚寒风习习，一望无际的信德沙漠尽收眼底，当地人称之为"死人之丘"。

多少年来，这里一片荒芜，没有人烟，满目凄凉。可是，有谁想到这漫漫黄沙之下埋藏着一个曾经高度发达的文明古城呢？

1922年，几名印度勘察队员偶然来到这里，在佛塔的废墟里，找到了几块刻着令人费解的文字和动物图形的石质印章。

接下来的几十年里，几个考古工作队相继来到这里进行了整理和发掘，终于发现这里是一座重要的古代城市的废墟。这一考古发现，向世人证明了印度河文明与两河流域的苏美尔文明一样灿烂而古老。

这座标志着"印度河文明"的古城，就是举世闻名的摩亨佐·达罗。摩亨佐·达罗是古代印度人创建的一座美丽的城市，它是印度文明的象征之一。

摩亨佐·达罗与在旁遮普的哈拉巴一起，被考古学家和历史学家称之为

摩亨佐达罗考古遗迹之一

"哈拉巴文化"。摩亨佐·达罗是公元前 3000～前 1750 年青铜器时代的一座世界名城。这个城市的居民叫"达罗毗荼人"，是世界上最早培育棉花并用棉花织布的民族之一。他们创造了独特结构的文字，还发明了非常精密的度量衡方法，建立的城市经济高度发达，而且和其他各文明民族进行着广泛的贸易往来。

但是，摩亨佐·达罗城是怎样衰落下去直至葬身黄沙之下的呢？摩亨佐·达罗人是在什么时候遗弃这座伟大的城市的呢？他们后来又到哪里去生活了呢？

世界各国的不少历史学家、考古学家、古文字学和人种学家家一直试图通过发掘出来的古城遗址和大批石质印章、青铜器皿、陶器等文物，揭开古城的秘密。

几十年过去了，随着摩亨佐·达罗古城和哈拉帕的发现、发掘，迷雾渐渐拨开：黑色皮肤的土著居民——达罗毗荼人创造了印度古代灿烂的文明，而不是入侵的雅利安人。这两座古城遗址及其此后在印度河流域陆续发现的其他古代城市遗址，分布在南北约 1100 千米，东西约 1500 千米的广袤地区，历史学家将它们称之为哈拉帕文化。这些古城中又以摩亨佐·达罗和哈拉帕两城规模最为宏大。

在遗址的发掘过程中，人们惊异地看到了古代达罗毗荼人创造历史的非凡的伟力。这两座古城的建筑形制基本相同，周长均在 3 英里以上。其中摩亨佐·达罗占地约 260 公顷，由卫城和下城两大部分组成，卫城四周建有高高耸立的塔楼。

摩亨佐·达罗的西部是建于砖砌高台上的卫城，东部是工商业与住宅所在的下城。这两部分又由一道宽宽厚厚的砖墙围护起来，连成一体。卫城的中心是一个大的宏大的公用浴池，宽7米，长12米，深2.4米，涂以沥青，用砖建成，以防漏水。这些浴池是用来做什

摩亨佐达罗考古遗迹之二

么的呢？人们的说法不一。有的说是为沐浴，有人认为是为履行某种宗教仪式。浴池附近挖有水井，为供水之用；浴池也建有排水大沟。这里大概是当时人们在重大礼仪前举行沐浴的处所。浴池西面有27排带有通风孔道的红砖建筑物，它们被证明是贮存粮食的谷仓。

这里的房屋主要由红砖砌成，房屋高低、大小和设备很不一致，楼房有十几间，茅屋简陋，小巷和大街构成了一整套井然有序的交通网络。街道有灯柱，晚上已有路灯照明。在街道的下面，有完善的下水道的网络。大的建筑物中都有专用的水井，每一建筑物都有专用的浴室间。浴室地面是不漏水的，并且建有一定的坡度使水流向房屋的某一个固定的角落，那里安有下水管道，可以把水导向室外街道的下水道中。

摩亨佐·达罗和哈拉帕这两座城市的规模宏大，总面积都有约85万平方米，据学者估计，其居民数各自都有3.6万人左右。两城所保留下来的文化遗物丰富，已显示出古印度人民高度的智慧与创造才能。灿烂光辉的哈拉帕文化是举世罕见的，它表明印度河流域当时已经具有高度的文明。

由于文字释读尚未成功，这种文明的创造者至今也还难以确定。学者们提出种种的假说。有人说他们是苏美尔人，可是提不出确切证据；有人说他们是雅利安人，可是哈拉帕文化与雅利安人的文化又有明显的不同；不少学者认为他们是达罗毗荼人，可

是又不能从他们的语言上加以证实；还有学者认为他们是混血人种，这也只不过是一种推测。

可就是如此辉煌的摩亨佐·达罗却突然毁灭了，这使历史学家也感到困惑不解。虽然摩亨佐·达罗的繁华经历了长长的几个世纪，然而，在历史学家的眼里，它也只能算是烟云过眼的转瞬。

在兴旺发达了几个世纪后，到了公元前1750年，这样灿烂的文化却突然衰落，从此印度河流域哈拉帕文明之光熄灭了。

考古人员在发掘中发现，除燃烧后的残迹外，街头巷尾，到处都是男女老少的尸骨，整座城市完全变成了一片废墟，人们称之为"死亡的山丘"。

本来，从古代遗迹中发掘出人骨是极为正常的，可是，在摩亨佐·达罗遗迹中发现的人骨，却是以非正常的状态死亡的。也就是说，那些人骨并非有序地埋葬在墓中，而是"猝死"在房间里。

比如，在房间Ⅴ的第74室中发现了14具遗骨，他们全都处于十分异样的状态，其中有几具是儿童的遗体，令人惨不忍睹。有的脸面朝下，有的横躺并重叠在其他的遗体之上；也有的遗体用双手盖住脸，保护自己，一副绝望的样子。除此之外，还有身躯扭曲的痛苦中的遗体。

可以肯定，当时并没有足以一夜间突然夺去全部住民性命的奇怪流行病发生，遗体上也没有发现遭受刀具袭击的迹象。如果他们是集体自杀的话，为什么会在井边也发现了正在洗涤物品的众人的遗体呢？

近几年，印度的考古学家卡哈博士作了十分值得关注的报告。

"在9具白骨中，我发现有几具白骨有被高温加热的证据，我很难相信这些白骨上那些高温加热的痕迹，是被突然袭击而留下来的。"

显然，这当然也不是火葬，那么，这高温加热的痕迹到底是什么呢？按常规来判断，唯一的可能就是突然之间的火山爆发，人们来不及逃离，但历史上，印度河流域中并无火山存在。

那么，是什么力量能用异常的高温使摩亨佐·达罗的住民全

第一章 亚洲古文明

45

体猝死呢？

是什么人建造摩亨佐·达罗的？他们从何处来，又往何处去？这里形成的高度文明，就这样瞬间无声无息地消逝了吗？

这个古老文明到底是怎样毁灭的？学者们有着种种不同的推测。有人设想是由于城市内部发生剧烈的变革引发斗争的结果，但是这种设想缺少证据。

有人认为雅利安人的入侵是导致毁灭的原因所在。这种观点找到了考古文献的佐证，如临近伊朗的诸部落、俾路支诸部落或与印度河流域文明相近的周边各部落，都先后参与了这一过程，然而，到底是哪个部落首先进入这一地区的？谁是这种"英雄行为"的创造者呢？

远古史研究者们这时才相信，在遥远的古代，人类曾经历过核战争。流传于世界各地的神话与传说，都描述过古代惊人的战争场面，而且，在以往的考古中也看到了种种痕迹。如在以色列、伊拉克沙漠及撒哈拉戈壁、沙漠中发现因高温而玻璃化的地层；在阿尔及利亚塔亚里遗迹及土耳其卡巴德奇亚遗迹中，发现高热破坏而形成的奇石群；在西亚的欧库罗矿山中，发现铀矿石上有发生颇具规模的核子分裂连锁反应的痕迹。

事实上，包括印度平原的印亚大陆，是神话传说中传诵发生古代核战争的地方。如传诵公元前 3000 年之史迹的大型叙事诗《玛哈巴拉德》就是其中之一，诗中描绘了英雄亚斯瓦达曼向敌人发射"连神都难以抵抗的亚格尼亚武器"：

"箭雨发射于空中。整捆的箭像耀眼的流星一样，化成光包围了敌人。突然，黑夜笼罩住巴达瓦的大军，随后，敌人就丧失了方向感。"

"太阳异动，天空烧成黑灰，散发出异常的燥热。象群被大武器的能量焚烧，惊慌从火焰中四处逃匿。水从土中蒸发，住在水中的生物也烧焦了。"

"从所有角落燃烧而来的箭雨，与凛冽的狂风一同落下。敌人的战士们，就像遭到比雷击还要猛烈得多的武器，烈火烧毁的树木，一一倒地。被武器焚烧的巨象群也倒在附近地面上，发出惨痛的哀号。被烧伤的其他象群，则像发疯般地四处奔逃寻找水源。"

这一惨烈的场面，真可与1945年8月的日本广岛、长崎核爆炸相提并论。

那么摩亨佐·达罗和古代的核战争又有何关系呢？

印度的另外一篇叙事诗《拉玛亚那》里，也叙述了一段凄绝惨烈的古代疑似核战争的情景，就像核爆炸一样，"那巨枪一发射，像绽放出令人畏惧的亮光，连30万的大军也在一瞬间完全消灭殆尽"。

更值得注意的是，战争发生在一个被称作"兰卡"的都市。都市构造十分森严，"四面有4个巨门，门用铁链锁着"，"门内随时备有巨大的机械、岩石、铁制的夏格尼武器以及其他的武器"，"难以攀登的墙壁环绕城堡四周，背后的巨沟中装满了冰水"。

有学者将此地理上的描写与地图比照，指出这座城堡都市"兰卡"就位于印度河流域的某个地方。

而摩亨佐·达罗遗迹正位于印度河边，当地人现在仍称它为"兰卡"！

印度新德里年代学研究所所长罗伊曾非常肯定地说："这两大叙事诗，虽是用诗的语体写成的，但记叙的大部分是确实存在的事。诗中有许多关于星座及星球的记述，可推测它应是记载发生事件的日期，我们也可用推测日期的方法来推测地点，《拉玛亚那》中的兰卡，就是摩亨佐·达罗。"

根据罗伊的说法，推断出战争发生在公元前2030～前1930年间，经过与碳—14的分析结果相对照，证明摩亨佐·达罗的住民确实是在这个时期从这座古代城市中突然消失了的。

1978年，英国考古学家威恩山迪和大卫勃特前往摩亨佐·达罗实地考察，进一步寻找古代核战争的痕迹。他们从本地人那儿得知，在距遗迹中心不远的地方，有一个被本地人称为"玻璃化的市镇"的神秘场所。

这里到处都铺着光泽的黑石。很明显可看出那是"托立尼提物质"。因为当世界第一颗原子弹"托立尼提号"在美国新墨西哥州的沙漠中试爆时，沙漠中的沙就因核子爆炸的高热而熔化，凝固成玻璃状物质，便因此将它称为"托立尼提物质"。而摩亨佐·达罗中也到处散落着"托立尼提物质"。

在因高热而溶化又凝固的矿山中，也有扭曲成玻璃状的碎片、因异常的热气而粘成砖块的碎片、染成黑色陶土制的手镯的碎片等杂陈其中。

由于这座"玻璃化的市镇"是本地人的神圣之地，故探险者很难进行深入的挖掘调查，也不为外界知晓。大卫勃特二人并未到此止步，他们历经千辛万苦，从"玻璃化的市镇"里带回了几个标本，送到罗马科学大学火山研究室进行分析，结果是：

第一件标本壶的碎片，是从外侧向内侧再加热，并又急速冷却的。亦即是最低也有 950℃～1000℃ 的高温加热，然后再急速冷却的。

第二个标本"黑石"则是由石英、长石及玻璃质所形成的矿物，这种矿物的熔解点是 1400℃～1500℃。可是，从形成空洞孔的外观来看，可知此应是由极高温在瞬间形成的。

如果在普通的火中或窑中，是不会产生那种"在瞬间内产生数千度高热，然后又急速冷却"的效果的。

大卫勃特在调查摩亨佐·达罗时，也发现了许多足以证明这座城市曾发生强烈爆炸的证据，如大量的瞬间崩溃的砖造建造物的痕迹，因高热而烧毁熔结的砖块，大量的灰烬，等等。

因此，大卫勃特肯定摩亨佐·达罗就是古代核战争的战场，在这座城市的上空，曾经发生过比广岛原子弹还要大的数千吨的巨大能量的核爆炸。他认为：

"我们之所以主张这是核子爆炸威力的结果，是因为在我们现有的科学技术的阶段中，所唯一知道能让其在瞬间发生热波和冲击波的爆炸物只有核子武器。"

不过，上述事实至今仍然无法获得进一步的史料证实，摩亨佐·达罗仍然有不少难解之谜。

发动古代核战争的是哪两个敌对势力？为什么发动核战争呢？古代人又是如何拥有核武器技术的呢？

通过长期的研究与进一步的探索，专家推测有可能是被一场特大的爆炸和大火毁灭的。巨大的爆炸力不仅使古城半径 1000 米内所有建筑物被毁坏，而且使走在街上和待在家里的人和动物，全都遭到了毁灭性的杀戮。

古埃及新王国时期法老图特摩斯三世时的编年史中就有关于在 22 年冬季的第三个月的一个早晨，空中曾出现一团明亮的怪异火球的记载；古希腊罗马人也曾多次描述过这种奇异现象。

摩亨佐达罗考古遗迹之三

通过科学家长期的探索与研究，科学家证实，这种巨大的爆炸力来源于大气中电磁场和宇宙射线的双重作用。空气中非常活跃的化学微粒，导致气溶胶的产生，并迅速积聚占据了广阔的空间，形成大小不等的球体。这种物理化学性球体有的被称之为"冷球"，这是一种未曾燃烧起来的色暗不透明的"黑色闪电"；有的是一种"发亮"的球体，呈柠檬黄色或亮白色。

大气中形成的大小不等的白色球体或黑色，能产生呈现剧毒的物质，使迅速毒化空气。专家分析，摩亨佐·达罗的居民，大概是先受到有毒空气的折磨，随后又经历了剧烈的爆炸，使他们连同他们创造的文明一同毁灭了。

不过，科学的探索是没有止境的，这个解释画下的只是一个暂时的句号。

寻访"艾哈文化"的根

早在 20 世纪中叶，印度的一些考古学家在该国西部的拉贾斯坦邦发掘了一处庞大的古人类文化遗址群，面积达 1 万平方千米。考古学家认为，约 4500 年前，一个叫做"艾哈"的古人群迁居到

古老文明

这里，他们不仅成为梅瓦及邻近地区早期的居民，还创造了先进的"艾哈文化"。

"艾哈文化"发展到了什么程度？它是从什么时候开始的呢？又是如何毁灭的呢？

考古学家发现，"艾哈人"有着氏族社会的特征。遗址群分为90个主要居住地，每个居住地面积约500平方米，用泥砖围成堡垒。

在巴基斯坦境内南亚的考古学界发掘了规模巨大的"赫拉帕文化"遗址，其文明特征与"艾哈文化"一模一样。人们据此认为，"艾哈文化"是赫拉帕文化的一个分支，并将考古和研究的重点转移到赫拉帕地区。

尽管如此，一些心细的考古学家对"艾哈文化"的起源仍存有重大疑问。从1994年开始，在美国考古学家的参与下，印度考古界沿着不同的地质层，对"艾哈文化"进行了更大规模的发掘。现在，终于有了让人震惊的发现——在"艾哈文化"遗址发掘出5具古人类遗骸！这真是一个惊人的发现。

这是人们在"艾哈文化"地区首次发掘出古人类遗骸。研究表明，这些古人死时的年龄均在35～50岁，除一人的性别难以辨别外，其余为两女两男。其中4具遗骸是在公元前2000～前1800年的红铜时代地质层发掘的。更为惊奇的是，这些遗骸分明有着被火化过的痕迹，与赫拉帕文化的土葬习俗不同，最后一具出土的遗骸保持着印度教特定的姿势。一些考古学家提出：难道"艾哈文化"与赫拉帕文化并非同宗？如果真是如此的话，这两个文化之间又有什么关系呢？

考古学家在"艾哈文化"遗址中，同时发现了牛粪满布的痕迹，并发掘出大量雕刻有牛图形的文物。起初发掘的文物上刻的均是公牛图形，这契合了印度人历来奉牛为神明的传统。但之后又发现了刻有母牛图形的文物，这使考古学家大惑不解。考古学家进行了一翻分析后认为，不管是母牛还是公牛，"艾哈文化"与以雅利安人为代表的印度人种的文化，有着很大的共同点：对牛的崇拜。"艾哈文化"与赫拉帕文化不存在同源的特性，因为赫拉帕文化丝毫没有对雌性动物崇拜的现象。

随着考古研究的深入，谜团进一步被揭开。人们确信"艾哈文化"是一种远比赫拉帕文化历史更为久远的文化现象，"艾哈人"制作陶器的技术不仅更为高超，而且运用了比赫拉帕文化的"黑色陶器"更高明的红黑色彩绘手法。此外，"艾哈人"在建筑工艺上也采用了十分先进的

印度教的朝拜圣地——黑风洞

烧砖法。考古学家相信，当赫拉帕文化于公元前2500年处于鼎盛时期时，"艾哈人"从赫拉帕文化中学到了不少当地先进的技术和知识，进一步推动了"艾哈文化"的发展。

考古学家研究发现，"艾哈文化"形成了以农业、狩猎、畜牧业和捕鱼为特色的混合经济模式，只是到了公元前1800年前后，由于自然灾难和气候变化，"艾哈文化"才逐渐消亡。赫拉帕文化在同期也开始衰落，这可能也是"艾哈文化"灭绝的一个因素。但印度考古学界认为，"艾哈文化"并没有从印度国土上完全消亡，它的文化沉积依然活在印度人民心中。

探访印度"人骨湖"

1942年，在印度喜马拉雅山区的路普康湖里，考古学家发现了200多具人骨。这一恐怖发现引发了一场大争论，这些人骨就像谜一样困扰着很多的学者、专家。人们很想知道，这些长眠湖底的人到底是谁？他们怎么会死在这个杳无人迹的地方呢？元凶又会是谁？

在20世纪过去的六十多年里，"人骨湖"之谜一直让世界各国的科学家们大为头痛，他们对缠绕于头脑中的各种疑问几乎无

古老文明

处下手。但人们还是尽其所能提出了种种的推测。人们曾猜测，这些人可能是在激烈战争中阵亡的士兵；也很有可能是被冻饿而死的迷失方向的朝圣者；还有可能是某个仪式上集体自杀的信徒；要么这些人就是死于当时某种可怕的流行的传染病。尽管人们提出了很多推测，然而没有一个足够合理并使人信服的说法。

为了进一步揭开"人骨湖"的奥秘，2003年，3名来自印度浦那德干学院考古系的学者及由德国海德尔堡大学的文化人类学者威廉·萨克斯带领的多国科学家们长途跋涉之后，来到这个高山之上的湖泊，他们力图解开这个可以追溯到公元9世纪的"人骨湖"之谜。

经过艰苦的不懈的努力，这个由美国国家地理频道委托的科学小组在最后终于给出了一个最具有说服力的解释，也许能够解开缠绕在人们心中长达60多年的谜团。

研究小组成员之一的普拉莫德·乔格里卡博士说，他们对自己的发现感到非常吃惊，因为这些尸体在冰层下面保存得完整，没有残缺，甚至可以看到这些人的指甲和头发，而且还能看到他们衣服的残片。科学家们通过对尸体进行深入研究发现，导致这些人死亡的原因竟然是历史上一次大规模的最致命的冰雹袭击。从这些遇难者的头骨上，可以看出他们头部都遭受过致命的打击。

自然人类学者苏巴斯·沃里姆贝博士指出，他们发现很多人的头骨上面都有深深的裂缝，可以看出，但这并不是由于山崩或雪崩造成的，而是由一种犹如板球大小的圆形钝器打击所导致的。沃里姆贝由此推断，因为这些遇难者全部都是头骨受伤，而身体其他部位的骨骼没有受伤，所以可以肯定，一定是从上面落下来什么东西从而导致了他们群体死亡，而这很有可能是一场大规模冰雹的突然袭击。

科学家们为自己的推测找到了一个有力的佐证，科学家们发现，在喜马拉雅地区，很多妇女都会传唱一首非常古老的歌曲，而这首歌曲恰恰描绘的场景极其类似于冰雹的发生。

这首歌曲说，当地的一位女神，有一天被人类激怒了，于是她向着那些惹恼自己的人类降下了"如铁一般坚硬"的冰雹。结合这首口耳相传的歌曲，科学家们断定，一场突然而致的大规模冰雹极有可能就是造成这次惨案的祸首元凶。

根据这些人头骨受创的程度，科学家们还认为，当年在"人骨湖"降下的这场冰雹的时速，至少应该达到了 100 英里/时。正是由于这场灾难突如其来，使得很多人来不及找到可供躲避的地方，许多人被冰雹击中后当场死亡，还有一些人被冰雹打晕或者受伤后，也很快就被高原上冰冷的气温冻死。从考古调查中，科学家在发现尸骨的地方找到了大量的玻璃手镯、指环、皮靴、长矛和竹手杖等遗物，他们推测死者中包括多名女性。

通过研究分析遇难者 DNA 样本，科学家发现这些遇难者之间居然具有很密切的血缘关系。由于这些遇难者骨骼较大，身体条件也比较好，科学家们有理由认定他们是一群从平原来到此地的印度朝圣者，而不是山区居民。通过对遇难者骨骼样本进行分析，科学家发现这些人的死亡时间大约在公元 850 年，这比原来推测的时间要早 400 年左右。

另外，据专家推测，在这一地区大约还有 600 多具尸体仍旧被冰雪覆盖着，未被挖掘出来。这些湖中的"人骨"，和已发现的有什么不同呢？如果通过 DNA 测试有所差异的话，那么此前的一切推断是否都还有待商榷呢？而且，如若这片土地真的是朝圣者膜拜的地方，那么在一千多年后又是为何变化成为一个湖泊的呢？这片埋藏着无数阴魂的高山之湖，到底还有多少不为人知的秘密呢？

第三节　神秘的古代中亚、西亚文明

苏美尔文明之谜

美索不达米亚平原是人类文明最早的发祥地之一，这里曾经哺育了包括古巴比伦在内的许多古代文明，但是早初的文明源头要追溯到公元前 4000 年的苏美尔文明。

苏美尔人很早就掌握了相当丰富的知识和高超的技术，他们在两河之间修建了复杂实用的水利系统，驯服了常年泛滥的洪水。他们发明了楔形文字，记录下许多史诗、神话、演讲词等作品，还发明了1～5的数字，历法也相当先进。他们还建立了一套较为完备的法律系统，著名的汉谟拉比法典就是后来的巴比伦人根据苏美尔法典订立的。

关于苏美尔人的来源众说纷纭，有些人认为这种发达的文明极有可能来自外星球，这一点可以从苏美尔人的传说中找到影子。还有的人说他们的祖先是降落到人间的众神的子孙，从一些古老的史诗中也能找到不少类似描写空中飞行的词句段落。但更多的人则坚持认为苏美尔人是某个古老民族的一支。他们的神庙往往建在由泥砖堆起来的建筑物上，看上去似乎坐落在群山之巅，于是有些学者猜测他们来自东方的深山区。从出土的一些图章看，苏美尔与古印度文明的图章文明风格极为相似，所以有人认为他们与印度人有某种联系。还有人从语音考证，认为苏美尔人可能来自东方的中国。

考古材料证实，苏美尔人是最先进入美索不达米亚平原的古代民族，因为他们是来自远方的黑发种族，在他们带来的石碑上的铭文中，自称为"黑头"。美索不达米亚的两条大河流，河水携带的泥土冲积成肥沃的三角洲，苏美尔人来到这里建立了国家，他们发现这里既没有大山区那样的石头存在，也没有埃及那样的纸草生长，于是便发明了一种独特的书写方式：将软泥做成泥版，然后进行书写，书写完毕以后烤干以便文书的保存。由于他们在书写的时候，是采用尖尖的笔头，写出来的字是楔子切进去的，称之为楔形，这就是闻名于世的楔形文字的起源。

那么，苏美尔人是从哪里来

楔形文字

54

到美索不达米亚平原的呢？出土的苏美尔人最早的建筑物是按照树木结构原理建造的，而木结构建筑通常只有在树木茂密的山区才被广泛采用，所以有人推测他们可能是从伊朗高原而来，也有人推测是从大海而来。但在苏美尔女王舒伯·亚德的随葬品之中，却只有一艘长约0.6米而且只能在幼发拉底河上航行的小船模型，找不到大海上航行的船只遗存。有的研究者认为可以在从阿富汗深山区到印度河谷的居民之中，来寻找苏美尔人的踪迹。这一地域大约在美索不达米亚平原以东将近2500千米的半径以内，这个假设似乎迅速就得到了考古学者的证明。在印度河河谷发掘出了

一个非常发达的古文化遗址，其出土文物之中，有几个长方形的印章，从图案风格和制作外观看，都与吾珥古城遗址中被挖掘出来的印章极其相似。吾珥古城位于今幼发拉底河的泰勒盖那尔，是苏美尔人公元前4000年左右建立的，据说是《圣经》中亚伯拉罕一族

印度河源头

的故乡。但人们始终不解的是为何在民族神话中没有留下哪怕是一丝线索，文化典籍里也没有保留一点相关的记载呢？虽然考古发现证实了苏美尔文化的存在，但苏美尔人从何处来的难题却始终得不到解答。

考古发掘还发现了不少犹如阶梯形的金字塔，这些金字塔的用处是什么呢？根据泥版上的记载，这些金字塔是用来进行祭祀的，因为他们的神总是高高地居于神山之巅，需要在金字塔顶祈祷才能接近神的宫殿，使神便于接受人的膜拜。这种祭祀方式，在美索不达米亚平原上的影响很快扩展开来，并持续数千年之久，从巴比伦王国到亚述王国，到处可见这样的用于跟神对话的金字塔，甚至连《圣经》里的巴别塔的外形也是阶梯形状的。

苏美尔人留下来的图案和典籍之中，所记录下来的苏美尔人

的诸神形象，据说都与天空中的星星有关。这些神的形象没有一个是人形，每一个神都是一颗恒星的代言人，每一颗恒星周围还环绕着大大小小的行星，整个星相图与现代人测绘的星空图几乎一模一样！在一些图案上面，有一些人头顶上有星星，还有一些人驾驶着展翅的飞球，甚至还有这样一个图案：一串虚实相间的小圆球环绕成了一个大圆圈，看起来好像是一个基因模型，如果这样的图案并非想象、夸张，那么苏美尔文明的发达程度还需要我们重新审视！

苏美尔人石像

苏美尔人对于数字的运用，简直已经达到了令人惊叹的地步：在金字塔附近找到的一块泥版上，开列出了一道由两个数字相乘的计算题，其最终乘积如果用阿拉伯数字来表示，结果竟是一个十五位的数字 195 955 200 000 000，这就是距今 6000 年以前的苏美尔人已达到的数学知识水平。

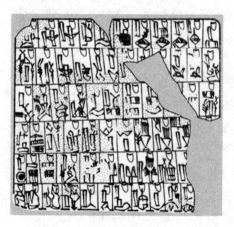

苏美尔文明图形文字

与此对应的是，公元前 500 年左右的希腊人，还认为 10000 这个五位数字，简直是一个"大得无法计算的值"，凡是超过了 10000 的，就被称为"无穷大"。多位数字对欧洲人来说，一直到公元 1600 年以后，才由笛卡尔、莱布尼兹等数学家兼哲学家最先用于计算，而在西方一般人的概念之中，只是在进入 19 世纪之后，人们才开始对多位数有所认识，以至于"百万富翁"这个称呼，成为拥有不计其数的财富的最大富翁的代名词。

苏美尔文明是如此的辉煌，它的先进性让现代人感到不可思议。人们始终不解的是，到底是一种什么样的神奇力量创造出这样的高度的文明？难道真如人们所猜测的那样，这是外星球力量的杰作吗？

解读楔形碑文的秘密

在《旧约全书》中，美索不达米亚曾经是闻名的古代文明之地，其边界就是著名的底格里斯河和幼发拉底河。美索不达米亚神秘又古老的文明被世人逐渐认识，经历了一个漫长的过程，那么它是如何被发现的呢？

美索不达米亚历史上是人人向往的胜地，1616 年迎来了第一位名叫凡勒的意大利探险家。在他返回欧洲时，带走了许多"纪念品"，很多纪念品上刻有欧洲人从未见过的新的文字，因为看上去像楔形符号，所以被称为楔形文字。到了 18 世纪，更多的欧洲人们开始了对这片土地的探索，1756 年丹麦国王派"六人科学考察队"前往中东，结果五人暴病而亡，最后一人历经艰辛到达玻塞玻利斯，这是一座拥有 2000 年历史的古波斯人的首都。他返回欧洲时，带回了楔形碑文，并于 1772 年予以发表，这为后来学者们的研究指明了一个方向。

楔形文字

埃及象形文字是开启古埃及文明的敲门砖，那么可以说石碑上的文字是开启美索不达米亚文明的钥匙！进入 19 世纪，学者们开始投入精力来翻译古波斯人的楔形文字。伴随着欧洲世界对美索不达米亚的垂涎以及大量学者的不懈努力，很多秘密陆续得到解读。

1802 年，英国在美索不达米亚设立领事代表，由既是外交官更是学者的利奇担任这一职务，此人收集了大量楔形文陶碑，出版了很多有关巴比伦研究的学术论文。然而利奇的兴趣更多地投放在探寻发现古城尼尼微上面，经过数年的考察，1820 年他在一座山丘上发掘出了碎陶器和带有楔形文的陶砖，但是不幸随之而来，在照料病人时，利奇感染上霍乱去世了！他的妻子将这些楔形文陶版卖给了大英博物馆，这些陶版引来无数学者前来研究。

对楔形文研究取得了突破性进展中的人物中，罗林逊是重要的学者，他的人生富有传奇性，曾经当过兵，又做过运动员，但却以考古学者的身份而一举成名，这一切得益于他对楔形文的兴趣。在还是军人期间，1835 年他于波斯小镇比里斯屯就发现了悬崖石刻，有 340 英尺（1 英尺＝0.3048 米）高。石刻有 1200 行字，用三种楔形文描述了古波斯王准备严惩造反诸侯的故事。罗林逊认为这些文字就是解读楔形文的关键，于是每天爬上歪歪斜斜的架子到悬崖上抄写那些文字。功夫不负有心人，罗林逊的辛苦终于得到了回报，他居然成功地翻译了古波斯文。在随后的几年里，他又突破了巴比伦语。1851 年，罗林逊发表了比里斯屯石刻中巴比伦文的部分译文，大大推进了对美索不达米亚的考古研究。对于剩下的第三种文字，学者们经过研究认为是源于古波斯人的一种语言，称之为伊拉米特语。

同一时期，法国学者奥卜特在 1869 年认为楔形文字来源于美索不达米亚南部的苏美尔地区，后来由伊拉米特人和巴比伦人沿袭使用。学者们认为，苏美尔文是更为古老的文字语言，是楔形文的基础，因此奥卜特的推断得到了肯定。

19 世纪 50 年代，在亚述古城尼尼微被发现后，英国人勒亚德从那里发掘了 24000 多块楔形文石碑，并运往大英博物馆，研究者进行了长期努力，其中翻译家乔治·史密斯对楔形文石碑的研究贡献非常突出。亚述古城尼尼微遗址的发掘，为学者的研究提供了 4000 多块楔形文字的丰富史料。史密斯考察了一对碑文，发现碑文记载了古巴比伦时期，上帝派大雨和洪水惩罚有罪邪恶的人类的情景；这次大灾难中，一名叫尤特拿比利姆的人制造了大木船，拯救了很多动物和家人。这个故事与《圣经》中的《洪水和诺亚方舟》有着惊人的相似，简直就是不谋而合。这个发现引起了争议，有人就认定碑文的故事是真实的，而有人说它恰恰说明《圣经》之前有更加古老的传说。然而破碎的碑文使得史密斯无法向大家展示故事完整

亚述古城尼尼微发掘的残碑

的情节，后来他奇迹般地找到了残余碑文，正当大家兴奋之中，史密斯却遗憾地发现，下面没有关于大洪水的内容！诺亚方舟的传说，带有楔形文字的石碑能证实么？

楔形文字的逐步得到破解，美索不达米亚的神秘面纱正在被逐渐揭开！

拜火教和《智慧之书》

在古代波斯帝国这块神奇大地上，曾经兴起过一个奇特的宗教——拜火教。根据有关这个宗教的历史文献，可以找寻到它朦朦胧胧的影子。传说长有双翅、一个狮头人身的奇特生物主宰着这个宗教，它是由一个凡人受了神的旨意经过特殊的修炼而成为的神，他来到人世间，能够拯救受苦受难的人于水火之中，还能够让死者复活。

这个离奇的传说，到底有多少真实的成分？不过，拜火教确确实实有一个古怪的仪式，被称之为梅尔卡巴——凡是受过梅尔卡巴洗礼的人，就能够上升为神，但并非每一个拜火教教徒都有资格能接受这一秘密仪式的洗礼，不过他们依然前仆后继地进行礼拜和修行。到底是什么神奇的力量使他们乐此不疲呢？拜火教狮头人身的怪物教主，还代表着日、月、土三位一体。据说，这也是拜火教修炼的三个阶段。经过三段时间的修炼，可以看见土

（鹰），而后可看见月（牛），再后可看见日（狮），再经过修炼，就能飞升天堂转变成神。

奇怪的是，为何一定要经历这样奇特的三个阶段才能够成为神呢？拜火教规定，不论任何教徒，只要对他人讲述了教会内部的事情，就丧失了成为神的可能。据此猜测：那种所谓的神也许就和拜火教的教主一样，是一个兽人合体。果真如此，那么关于斯芬克斯的遍及世界各地的描述会是这样一种形象，可能存在着某种人兽合体的生物，由于它的奇特外形，由于它的广泛分布，而被人们误认为神灵下凡。

如果更进一步大胆推测，"人"也许就是从人神合体的神的身体中剥离出来而降至人间的！可是为什么一定是人、鹰、狮、牛这几种生物呢？这依然是一个难分难解的谜。

《梅路西》是《旧约》的一个非常古老的副本，大约传世于公元 3 世纪的欧洲，在这本书中，记载了一些凌乱的事情，但仍然可以看出一些端倪：人们看见有千只生物在空中打斗，它们有着狮身、牛尾、人头、鹰翅。这则故事，绝对不会脱离斯芬克斯的存在。下面这段文字更是趣味横生：

"那些奇特的生物偷走了伊凡卡天神护佑万物的《智慧之书》，惹恼了伊凡天神。于是，他命自己的儿子优加天神夺回圣书。双方在迪拜进行决斗，优加天神终于取得了胜利，夺回了圣书。传说，那本圣书后来又被盗出，藏在狮子座的附近……"

拜火教传说与《旧约》所载有着如此惊人的相似，相互印证，简直让人难以置信！

在狮身人而像前足下 2 米左右的地方，也即正对着黄道面狮子座的地方，人们发现了一个空洞！空洞里面静静地躺着一部羊皮书手稿，它是用古拉丁文写成，成书时间大约在公元前 8 世纪，作者署名为丹尼斯。难道这就是传说中的《智慧之书》？从已破解的部分来看，这本书也足以让世人感到惊讶了。因为在书中可以看到——1999 年。读过诺查丹玛斯大预言的人也许都会记忆犹新，预言说：在 1999 年 7 月的一天，狮子座、天秤座、天蝎座、金牛座交会成一个恐怖的大十字时，人类的历史即将宣告结束。

而在这本羊皮书的丹尼斯预言里，亦有如下的说法，狮身人面像其实就是这四个星座的合体。狮子对应着狮子座，代表一个社会的政治，象征权力；人头对应着天秤座，代表一个社会的宗教，象征精神；鹰翅对应着天蝎座——在古代，天蝎座又被称为天鹰座，代表一个社会的科技，象征智慧；牛尾对应着金牛座，代表一个社会的经济，象征富有。以上这些构成了人类社会的四大支柱。如果这四大支柱发生动摇，人类社会就会坍塌。丹尼斯也发现了1999年的恐怖大十字，并且预言了那个十字代表的意义。在他看来，那恐怖的一天是：8月17日！那么，狮身人面像会不会是古代的人们为了告诫提醒自己的子孙而建造的呢？他们凭着什么力量或者说受到什么人的点拨，竟看见了我们人类的未来呢？这些都还是一个谜。

这位丹尼斯到底是何许人呢？根据他为后世留下的这部羊皮书，可以推测也许他就是深知拜火教秘密的人，甚至他本人就是一位曾经苦苦修行的拜火教教徒。他希望通过修行成为一位神，拥有神的圣力和先知。但是，当他通过努力看到了土、月、日之后，得知人类将在未来的某个世纪之末蒙受灾难，他动摇了。最后他下定决心用自己来拯救人类！他悄然离开了拜火教的圣地，化名为丹尼斯，只身前行来到狮身人面像的脚下，并将自己所知道的一切写入书中并埋入地下，祈祷着在未来的某一天自己为之付出的一切能够有所回报。

在《智慧之书》中，不仅记载了狮身人面像的神秘内涵，还预言了一位魔王的出现，"我不知是什么时候，人类中出现了一位魔王，他拥有旷世的权力，他的子民们为了满足他的欲望而屠杀、侵略和掠夺……他的每一句话，都将把你们带到不可回复的罪恶和灾难之渊"。也许连希特勒自己也不曾料到，在很久以前竟会有一位先哲已看到了他自己的出现；更不可能想到，他自己不经意间说过的话，会成为对未来人类命运的咒语，并且其中的一部分已逐渐变成了现实。希特勒在法国朗斯时曾说："1985年以后，人类将分为两类，不论男女，不论国家社会，都将两极分化。"这难道是对美苏争霸的预测？此后，希特勒再也没有说过类似的甚至连他自己也不曾明白的恐怖预言了，其中的一个原因是他再也没有这样的机会了。在希特勒同法国谈判后一年左右，即1939年8月末的一天傍晚，睡梦中的希特勒突然跳下床来，叫道："就是现在，我已接到指令!"没过几天，德军闪电战突袭波兰，由此拉开了第二次世界大战灾难的帷幕。随后他又下令大军进攻荷兰、

德军"闪击"波兰

北欧，并在仅仅六周内就强力结束了法国的政治生命，并向海峡彼岸的英国发射了大量的、堪称当时最先进的"导弹"。随着美英两国的参战，以及日本偷袭珍珠港，在短短一年的时间里，全世界都陷入了血与火的战争包围之中。

丹尼斯在书中用了大量篇幅讲述一个名为"希多拉"的人在20世纪所做的一切，并将其称为"一位叛乱的预言家"。但希特勒完全背离了拯救人类的使命，成了一名给人类带来数不尽灾难的混世魔王。读过诺查丹玛斯《诸世纪》一书的人一定对书中所描述的"恐怖大王"记忆犹新。但已很难准确破解这一词汇的确切含义，人们似乎认为那是描述人类末世灾难的一个恐怖的暗语。丹尼斯在这部羊皮预言书中对"恐怖大王"所作的基本介绍与《诸世纪》中描述的一样，却让世人难以看到"恐怖大王"的真实面目。也许所谓从天而降的"恐怖大王"是指从天空中袭来的核弹头，或许是情景惨烈之极的人类病毒大流行，丹尼斯没有用具体的词汇将其所知道的一切描述出来。在丹尼斯的羊皮书中，有这样一些关于"恐怖大王"的描述：它从天而降带着火光，不明的光闪烁在天边。还有一束巨大的光，将人们卷入死神的裙袍……丹尼斯虽然能预测未来，也许他仍然无法拯救我们人类；但如果我们因他而知道了自己的命运，他就无法继续修炼了。

对于丹尼斯的预言，有的研究者认为是在描述人类因对环境

的巨大污染而最终遭到的报复，还有人认为所谓的"恐怖大王"是指宇宙射线。以上的种种推测都十分符合"恐怖大王"的条件，很难想象它们叠加在一起会有什么样的效果，也许，"恐怖大王"就是指它们全体吧。

1999年已经过去十余年了，说明关于世界末日的预言只是一种假说。

多灾多难的犹太人

在世界历史上，有两个在世界到处流浪的民族总是引起人们的无限同情。一个是善于预测未来、能歌善舞而闻名于世的吉普赛人，他们从来就没有祖国，一直到处流浪；另一个则是灾难深重、坚强不屈的犹太人，他们曾经有过自己的祖国，但是由于强邻的侵略、入侵者的压迫，又被迫离开家园，到全世界去流浪。

为什么犹太人有着如此悲惨的流浪史呢？

在亚洲和非洲中间，有一片大沙漠叫做阿拉伯。4000年以前，一个被叫做"塞姆族"（又被称为"闪族"）的游牧民族为了寻找水草，赶着他们的羊群在这片无边的沙漠中四处寻找牧场。他们发现，在大沙漠的北方，有一块水草极为丰茂的土地。它的形状就像一弯新月，就称它为"新月形沃土"。塞姆人认这里作天堂，他们特别想在这里放牧羊群，过上富足美好的生活。可是每当塞姆人赶着牛羊来到这里的时候，当地人便来驱赶他们。经过无数次的争夺，也经过多次的失败

古埃及绘画

后，塞姆族人终于占领了这个地区。

塞姆族中有一支叫做希伯来人的部落，他们的宗教信仰与当地人有些不一样，被迫再次迁移。在"新月形沃土"中有一条狭

长地带，被希伯来人叫做"流着奶和蜜的地方"，也就是今天的巴勒斯坦，在这里生存的是迦南人的部落。希伯来人为争夺这块土地，又同迦南人进行了长时间的战争，可惜的是，最终被英勇无比的迦南人打败。

这下，希伯来人陷入了何去何从的两难困境。全族的人聚到一起，商议部落今后的出路。一个老人说，在一个遥远的地方，有一个遍地羊群，年年五谷丰登的好地方。到过那里的人都将它称为"天堂"，它就是埃及。如果想要希伯来人过上幸福的生活，只有去那里。全族人最后全部同意老人的意见，离开巴勒斯坦，前往心中的天堂埃及。

大约在公元前1700年，旅长以色列带领所有的希伯来人离开了巴勒斯坦，经过种种痛苦的长途奔波，终于来到了尼罗河三角洲东部的草原，发现这里水清草绿，就在那里定居下来。正如老人预言的，希伯来人在埃及幸福而安定地生活了几百年。

然而波澜又起，大约在公元前1300年，埃及的法老拉美西斯二世开始建造两座巨大的宫殿，压迫希伯来人，将他们当作奴隶来役使。希伯来人被迫开山挖石，运输巨大的石块，服各种苦役。拉美西斯二世去世后，埃及受到来南方野蛮民族大肆入侵和海盗的骚扰。希伯来人的首领摩西不忍

尼罗河三角洲

民族灾难，带领全族人员，越过红海海域，逃离了埃及。

在逃出埃及的行程中，希伯来人再次经受路途的苦难，他们缺水少食，风餐露宿，每天行走在大沙漠中，有不少人想返回埃及，宁可重新当奴隶，也不愿再受这种路途之苦。摩西看到他的族人对命运失去了信心，十分地痛苦。一天，当他们经过西奈山麓的时候，摩西爬上一座高山的顶峰。在山顶，摩西呆了足足40天，在那里感受人间的苦难，寻找解救的答案。下山后，他说，

他见到了耶和华（希伯来人敬奉的神），并得到他的圣谕，有了它希伯来人就能交好运。后来，摩西成了犹太教的创始人。

逃出埃及后，摩西对希伯来人说，只有回到迦南，才是唯一的出路。但是大多数希伯来人没有勇气同勇猛强悍的迦南人进行战斗。摩西只好带着希伯来人到处流浪，没有找到理想的定居地。40 年过去了，摩西已经成为一个衰弱的老人。过了不久，摩西去世了。接替摩西领导希伯来人的是约书亚。这时希伯来人的新一代已经成长起来。经过长期艰难生活的磨炼，年轻的希伯来人个个成为强悍勇敢的战士。约书亚带领他们与迦南人经过无数次的战斗，终于渡过了约旦河，在迦南定居下来，并且一步步拓展自己的领地。

约书亚之后的希伯来人的首领，是一位名叫参孙的勇敢的战士。参孙的力气非常大，能空手撕裂猛狮，据说曾经用一块驴肋骨打死了 1000 个敌人。参孙打退了入侵者一次又一次的进攻，守住了那块生活的乐土。参孙死后，希伯来人又一次次遭到各个部落的征伐，生活在战争造成的动荡之中。希伯来人已分成了许多小部落，其中较大的部落，一个叫以色列，一个叫犹太。由于一直没有能够使所有希伯来人佩服的伟大人物出现，有很长时间希伯来人的各个部落各自为战，没有统一的领袖。

米开朗琪罗的《摩西像》

正当希伯来人处于分裂状态时，来自地中海沿岸岛屿的一个叫做腓力斯丁人的强大部落开始强盛起来，向希伯来人发动了进攻。希伯来人没能抵挡住腓力斯丁人的进攻。连本族的圣物"约柜"，也让腓力斯人丁抢走了。就在犹太民族四分五裂的时候，有一个名叫扫罗的勇敢的年轻人，在一次迎击敌人的进攻中表现得十分勇猛、机智和果断，成了全体希伯来人尊敬的英雄。全体希伯来人一致推选他为希伯来的新王，为他举行了希伯来人最隆重的涂油圣礼，把油涂在扫罗的身上，承认他为希伯来人的最高首领。扫罗王带领希伯来人与周边的入侵者奋勇作战，扩展了居住地。后来，在一次战斗中失败，扫罗王因而自杀了。

扫罗死后，一个曾经做过强盗头、有勇有谋的年轻人——大卫登上了王位。大约在公元前1000年，大卫率领犹太人将腓力斯丁人打败，并从腓力斯丁人手中夺回了圣物"约柜"。不久，大卫的军队又攻下迦南人的一个叫耶路撒冷（意思是"和平之城"）的小城市。因为

耶路撒冷

大卫出身犹太部落，他就把他建立的国家称为犹太王国，并把首都建在耶路撒冷，将圣物"约柜"供奉在耶路撒冷的神殿中。大卫还在耶路撒冷大兴土木，修建宫殿和神殿，完善国家体制，自己也过上了豪华的帝王生活。

大卫死后，他的儿子所罗门继承了王位。所罗门是一个很聪明的国王。我们都听说过关于所罗门判定"谁是孩子的母亲"的故事吧！内容就是说有一天，一名官员带着两个妇女和一个孩子到所罗门那里。他对所罗门说，这两个妇女都说孩子是自己的，他无法判定，因此他只好将她们带到这里。所罗门想了一下，就对手下人说，既然无法判定谁是孩子的母亲，那就用剑将孩子劈成两半，两人各得一半。这时，其中的一个妇女大哭起来，向所罗门请求，她不要孩子了，只求不要伤害孩子，另一个妇女却无动于衷。所罗门哈哈一笑，对那个官员说："现在你该知道，谁是那个孩子的真正的母亲了吧！任何一个母亲都不会让别人伤害自

己的孩子的。”

　　所罗门统治时期是犹太人历史上最为繁荣的时期，人口增多，土地扩大。所罗门同时也是一个比他父亲更加追求享受的国王，他下令继续修建许多的大型神殿和宫殿，树立自己的权威，其中最宏伟的是位于耶路撒冷小山上的犹太教圣殿和宫殿。耶和华的“约柜”也被送到新落成的圣殿中。在许多世纪中，这个圣殿成了犹太人团结的象征。

　　公元前 586 年，随着巴比伦王国的渐渐强大，犹太国遭受噩运。在巴比伦强大进攻下，耶路撒冷全城的犹太人都成了俘虏，开始了史称“巴比伦之囚”的苦难时期。犹太人失去了政治上的统治地位，但是他们有着宗教组织和坚定的宗教信仰。他们虽然

犹太教和基督教的圣殿——阿克萨清真寺

身在巴比伦国家，却有着自己独特的社区组织，彼此之间的联系比任何人都紧密。六十年以后，巴比伦又被强大起来的波斯征服了。波斯王居鲁士释放了囚禁在巴比伦城的犹太人。从而，犹太人高兴地回到耶路撒冷。在这之后，犹太人却没有过上和平的生活，经常遭受到外族的侵犯。历经了太多磨难的犹太人，仍然相信“弥赛亚”（救世主）会降临人间，帮助他们重建自己美好的家园。这种思想后来成为流浪世界各地的犹太难民的精神力量。

　　公元 1 世纪，罗马的统治占领了耶路撒冷，其统治十分残酷。犹太人又被迫离开了耶路撒冷，散落到世界各地。有的甚至来到中国，居住在开封等地。一直到第二次世界大战之前，犹太民族仍然是一个没有自己的国家的民族。

魅力四射的巴比伦空中花园

　　巴比伦是世界古城遗址和人类文明的发祥地之一，它建于公

元前 2350 多年，是与古代中国、埃及、印度齐名的人类文明的发祥地。巴比伦位于伊拉克首都巴格达以南 90 千米处，幼发拉底河右岸。巴比伦的意思是"神之门"，"神之门"在公元前 2000～前 1000 年曾是西亚最繁华的政治、经济以及商业和文化中心，这里还曾是古巴比伦王国和新巴比伦王国的首都。

古巴比伦宫殿壮丽、城垣雄伟，富贵堂皇，显示了古代两河流域高超的建筑水平，展现了巴比伦的聪明和卓越的才能。幼发拉底河纵贯全城，城内的主要建筑埃特梅兰基塔庙及埃萨吉纳大庙，高达 91 米，基座每边长 91.4 米，上有 7 层，每层都以不同色彩的釉砖砌成，塔顶有一座用釉砖建成、供奉玛克笃克神金像的神庙。据说，这就是《圣经》中耶和华变乱人们的语言，致使人们未能造成通天的巴别塔内的"空中花园"。

被称为世界七大奇迹之一的"空中花园"，坐落于幼发拉底河畔，新巴比伦王国国王尼布甲尼撒二世（公元前 604～前 562）曾以兴建宫殿建筑和宏伟的城市闻名于世，他在位时主持建造了这座名园。它在公元前 600 年建成，四角呈锥形，由砖块及沥青建成，以拱顶石柱支撑着，花园就如同在空中一般。通往花园的台阶种有全年翠绿的树木，远看就仿似一座小山丘，河水从空中花园旁边的人工河流下来。

关于"空中花园"还有一个美丽动人的传说。新巴比伦国王尼布甲尼撒二世娶了米底的公主米梯斯为王后。美丽的公主深得国王的宠爱，可是后来公主却每天愁容满面。国王不知何故，就想问个明白。公主说："我的家乡花草

古巴比伦空中花园复原图

丛生，山峦叠翠。而这里是一望无际的平原，我多么渴望能再见到家乡的盘山小道和起伏的山岭啊！"原来公主在思念家乡。尼布

甲尼撒二世就下令工匠按照米底山区的自然景色，在他的宫殿里建造了叠叠层层的阶梯形花园，上面栽满了异草奇花，小道旁是流水潺潺，园中开辟了幽静的山间小道，还在花园中央修建了一座别致的城楼，矗立在空中。巧夺天工的园林终于抹去了公主的愁容，博得公主的欢心。由于花园比宫墙还高，从远方望去，像是悬挂在空中，因此被称为"空中花园"。公元2世纪，希腊学者在品评世界各地雕塑品和著名建筑时，把"空中花园"列为"世界七大奇观"之一。从此以后，"空中花园"闻名遐迩。

关于"空中花园"的建造者，说法不一。史料中有些记载，多次提到了"空中花园"，但认为传说中的"空中花园"是一位叙利亚国王为取悦他的一个爱妃而特意修筑的，而不是由尼布甲尼撒二世建造的。有些记载甚至认为传说中的"空中花园"实际上指的是亚述国王辛那赫里布在其都城尼尼微修筑的皇家园林。

"空中花园"的命运与巴比伦城一样，在历史的长河中辉煌地一闪就消失了。从公元前539年起，巴比伦城曾先后被波斯人、帕提亚人和马其顿国王亚历山大占领。公元前4世纪末逐渐衰落，到公元2世纪则沦为一片废墟；当年"女神门"内庆典大道两旁的120尊石狮早已荡然无存。"空中花园"从此也就消失了，以后的文献再也找不到有关它的记载。

直到19世纪末，德国考古学家才发掘出巴比伦城的遗址。在发掘南宫苑时，挖出东北角的一个近似长方形、半地下式建筑物，面积约1260平方米。这个建筑物由两排小屋组成，每个小屋平均只有6.6平方米。两排小屋，周围被高而宽厚的围墙所环绕，由一走廊分开，对称布局。西边发现了一口开了三个水槽的水井，那些水槽则是用来安装压水机的，据考古学家分析，水井可能是原来的水房，这个地方可能是传说中的"空中花园"的遗址。或许巴比伦人用土铺垫小屋拱顶上，栽种花木。空中花园的遗址也是远离河流，巴比伦雨水不多，所以专家认为空中花园应有不少输水设备，奴隶不停地推动连系着齿轮的把手，把地下水运到最高一层的储水池，再经人工河流返回地面。考古学家经过考证证明，当时压水机使用的原理和现在使用的链泵基本一致。它把几个水桶系在一个链带上与放在墙上的一个轮子相连，轮子转动一周，水桶就跟着转动，完成提水和倒水的整个过程，水再通过水槽流到花园中进行灌溉。在保养方面也是让人捉摸不透，一般的建筑物长年经受河水的侵蚀而不坍塌是不可能的，而美索不达米亚平原没有太多石块，专家相信空中花园所用的砖块很特别，也许石块被加入了芦苇、瓦块及沥青，更有文献指石块被加入了一层铅，以防止河水渗入地基。

然而，到目前为止在所发现的巴比伦楔形文字的泥版文书中，还没有找到确切的文献记载。考古学家的解释是否正确仍需进一步研究，传说中的"空中花园"，它的真实面目依旧隐身于重重迷雾之中。

寻找诺亚方舟

《圣经·创世纪》中有一个传说：上帝创造的亚当和夏娃由于偷吃禁果，被逐出伊甸园。此后，该隐诛杀了兄弟，揭开了人类互相残杀的序幕。人世间开始充满着仇恨、嫉妒和强暴，只有诺亚是个仁义的人。上帝看到人类的种种罪恶，怒火万丈，决定用洪水毁灭这个罪孽的世界，只给诺亚留下有限的生灵。上帝要求诺亚用歌斐木建造方舟，并把舟的规格和造法传授给诺亚。之后，诺亚一边劝告世人悔过自新，一边赶造方舟。诺亚花了整整120年的时间独自造成了一只庞大的方舟，并听从上帝的话，把各种飞禽走兽一对对赶入方舟，也让全家8口搬了进去。7天

圣经中大洪水的传说

后，洪水自天而降，一连下了40个昼夜，人群和动植物全部遭到了灭顶之灾。除诺亚一家人以外，夏娃和亚当的其他后代都被洪水吞没了，连世界上最高的山峰都低于水面7米。

上帝顾念诺亚和方舟中的飞禽走兽，便下令止雨停风，水势

渐渐消退。诺亚方舟停靠在亚拉腊山边，又过了几十天，诺亚打开方舟的窗户，放出一只乌鸦去探听消息，但乌鸦一去不复返。诺亚又把一只鸽子放出去，鸽子找不到落脚之处又飞回方舟，看来遍地是水。7 天之后，诺亚再次把鸽子放出去，黄昏时分，鸽子飞回来了，嘴里衔着橄榄枝，这就表明地上的水已经消退。后世的人们就用橄榄枝和鸽子来象征和平。

这就是"诺亚方舟"故事的由来，由于《圣经》中记载的很多事情都被证实是真实的，所以考古学家也对"诺亚方舟"存在的真实性寄予很大的期望。

在近东和中东一带的古文明，都有关于大洪水的记载，古巴比伦、罗马及希腊也流传类似诺亚一家人获救的故事，但地质学家从未发现全球性大洪水的证据。有人认为诺亚方舟不过是一个古老的传说，然而科学家最近却根据黑海一带的自然环境推断，当地的确可能发生过毁灭性的大洪水。

科学家推算地球最近一次冰河时期在 12000 年前达到巅峰，而黑海与地中海间隔着一个天然的堤坝，只是一个淡水湖，这个堤坝横跨今天土耳其境内的博斯普鲁斯海峡。随着各地冰河融解消退，全球海平面不断升高，而黑海与地中海的水位落差渐渐被拉大到 500 米左右。后来可能是一场地震或一场大雨，使两者间的堤坝垮掉，地中海的海水以 200 倍于尼加拉瀑布的水量及冲力涌入黑海。两年后，地中海和黑海的水位才达到平衡。现在的黑海基本上是个封闭的水域，多瑙河、第聂伯河及顿河的水不断流入黑海，在它的上层形成一个淡水带，黑海下层则是咸水带，这个咸水带不同于一般海洋下层有海流相通，而是呈停滞状态，因而形成了特殊的"无氧"环境。在这种无氧环境下几乎不可能有生物存在，所以任何物品、沉船，甚至人体遗骸一旦下沉到这个水域，就好像被扔进一个真空储物柜一样不会腐烂。

据《圣经》文字记载的史料推算，方舟是一只巨大木箱，排水量 43000 吨。按《创世纪》所记载，方舟最后停靠在土耳其东部的亚拉腊山上。但还有一种说法认为方舟搁浅在亚拉腊山脉面向黑海的一个山坡上，而且很可能因为黑海水位暴涨而沉入黑海海底。

这个说法引起了美国深海探险家罗伯特·巴拉德博士的高度兴趣。"诺亚方舟"的故事从小就深深地吸引了他，只要一提起方舟就激动不已，特别是他在深海探险方面取得一定成就后。

巴拉德曾利用装有摄影机和声呐的机械潜艇，在世界各海域探索。巴拉德曾在 1985 年在北大西洋 3000 多米的海面下找到"泰坦尼克号"；在地中海海底找到腓尼基和古罗马帝国的船只。假如诺亚方舟沉入黑海海底，那么它可能完好如初。他还寻获第二次世界大战期间多艘沉没的军舰，如中途岛海战中被炸沉的美国"约克镇号"航空母舰、德国战舰"俾斯麦号"，等等。他也希望自己有机会能探寻到方舟的下落，所以，当听说"方舟可能沉入黑海海底"这个大胆的推测后，他决定亲自到黑海去探个究竟。

巴拉德从过去的经验得知，每艘沉船的船身都会不断分解出一些碎屑，从而透露出沉船的行踪。一旦发现碎屑，他会把一艘装有声呐的遥控机械潜艇放进水中，探测船体的位置；找到沉船后，接着便放下装有摄影机的机械潜艇进行拍摄。值得一提的是，巴拉德不搜刮船上的财物，只观察海底的沉船，巴拉德深信沉船是历史的遗迹，任何人都不应为了贪图利益而予以破坏。

考古学家认为，遇到风浪时古代船只比现代船只更容易沉没。有人据此认定，在海洋深处不大可能发现古代沉船的踪影。但巴拉德却不认为古代航海家都这么胆小，他就是因为观察了深海海底，结果发现了罗马帝国和腓尼基的船舰。

对巴拉德来说，他之所以被黑海吸引，是因为和许多科学家一样，他也怀疑方舟是否真的存在。就算方舟不在黑海海底，那里仍存在许多其他的秘密深深地吸引着他。巴拉德这次探险除了寻找传说中的方舟，还寻找一条纵贯南北的古代航道和被大洪水淹没的古代村落。巴拉德相信，黑海底层的无氧环境，或许真的完整保存了许多古物，任何发现，都可能在考古学界造成震撼。

对于方舟最后的停靠地也有各种不同的说法，其中被提到过最多次的，就是土耳其东部的亚拉腊山。考古学家多次探测这座山，无论如何也找不到方舟的影子，包括使用先进的仪器对山上的冰层底部进行搜索。但考古学家们不肯放弃方舟，有些考古学家考虑在亚拉腊山西南方的朱迪山寻找。

朱迪山高 2100 多米，更适合方舟停泊，其位置也还在亚拉腊群山之内。另外，少数考古学家看好距离亚拉腊山不远的杜鲁皮纳，认为这里才是方舟真正停泊的位置。他们从当地一些地形"看出"有方舟停靠的痕迹，但其他考古学家表示类似这样的痕迹在亚拉腊山上更多，对此却嗤之以鼻。还有少数人认为方舟搁浅在伊朗西北山区，而那些山脉是从亚拉腊山延伸过来的。

曾经拯救了人类的诺亚方舟，如今就像晨雾中的一叶孤舟时隐时现，它到底在何方？又有什么样的秘密呢？人们期待着新的考古发现，希望解开心中谜团。

玫瑰城堡——佩特拉

佩特拉是约旦南部的一座历史古城，距首都安曼约 260 千米。古代的佩特拉以中东商业中心而著称，是叙利亚、埃及乃至罗马、希腊之间的贸易市场和中转站。公元 2 世纪初，佩特拉人口高峰时达 2.5 万人，成为罗马帝国的一个行政区，至今仍保留了一些罗马时期的建筑遗存。在漫长的历史岁月中，佩特拉的土著居民在岩石上雕琢了很多建筑物，逐渐形成一座独特风格的"石头城"。因当地岩石多为褐红色，在朝霞和夕阳的映照下尤其迷人，佩特拉又享有"玫瑰城"的美誉。

约旦人把佩特拉视作国宝，在许多人眼中，世界七大奇迹中或许应有它的一席。它那美丽的面纱后面不但令人浮想联翩，而且还有着太多的神秘气息。

佩特拉城这个神秘之都隐没在死海和今约旦国境内的阿克巴湾之间的山峡中，它是从岩石中雕琢出来的，并因岩石的色彩而闻名于世。它不愿轻易将美貌示人，犹如一位矜持的蒙纱少女。要见到她，你必须经受大自然派来的守卫者——西克山峡的考验。西克山峡深约 1500～2000 米，蜿蜒深入，直达山腰的要塞。这里就是著名的荷尔要塞，是一处深约 200 英尺的峡谷。里面漆黑一片，令人毛骨悚然，回声荡荡。阴森可怖的岩石要塞尽头，就是令人向往的佩特拉。

佩特拉的代表性建筑是一座位于广场正面的宏伟宫殿——哈兹纳宫，它在佩特拉最负盛名。宫室雕琢在陡峭而坚固的岩石上，分为上下两层，宽30米，高50米。顶层6根圆形石柱附壁雕成，柱与柱间是神龛，供奉着带翅武士、圣母等神像。这些神像比真人还要大，威严肃穆，栩栩如生，颇具神韵。底层由6根直径2米的大圆柱支撑着前殿，构成堂皇的柱廊。左右殿堂上是左右对称、造型独特、线条粗犷的壁画。然而真正使哈兹纳宫声名远扬的还是其独特的色彩，由于整座建筑雕琢在沙石壁里，在阳光照耀下，粉色、橘色、红色以及深红色层次生动分明，衬着黄、紫、白三色条纹，沙石壁神奇无比。在约旦人眼里，顶端的瓮是藏财宝的地方，这是一座法老的宝库。他们幻想着有朝一日大喊一声"芝麻开门"，紧闭的财富大门能突然在他们面前打开。美国考古学家斯蒂芬斯在初次见到突然展现在眼前的哈兹纳宫美景时，称其为"一座神庙，宛如一颗嵌在岩石壁上的浮雕宝石"，精致清晰。

西克山峡南面的半山腰上是欧翁石宫。这座石宫给人留下最深刻的印象在于，几百平方米的大殿内居然没有一根支撑的柱子，可谓鬼斧神工之作。欧翁宫的两侧是石窟群，从远处看去，如蜂巢一般密密麻麻，向东西两侧延伸。石窟内有住宅、浴室、寺院和墓窟。悬崖顶部的洞室白云缭绕，置身其中油然升起一股诗意。

欧翁石宫的斜对面是一座类似罗马建筑的露天大剧场。舞台用巨石铺砌而成，犹如众星捧月，由几十层阶梯石座环护着。而看台依托山坡呈扇形散开，能最大限度地利用空间，而且视野更为开阔。更神奇的是，在音响系统尚未发明的久远年代，可容纳6000人的剧场居然有天然的音响效果！只要站在舞台前的中心点说话、击掌，便能形成强烈的回音，而且声音可以清晰地扩散，即使坐在最后一排也能听得一清二楚。剧场内每隔10层阶梯就筑有一个通道，整个剧场可容纳几千名观众。

再就是在群山包围中的巨大广场。人们猜测，当初其中有许多民居陋室，只是无情的岁月早已使之荡然无存。远远望去悬崖绝壁环抱，遍地岩景天生自然，形成天然城墙；峭壁上有两处断口，形成能够方便进出的通道；很多的石窟构成一个石窟群落，在阳光照耀下发出耀眼的玫瑰色光芒。中间则是一个巨大的广场。这真是一座名副其实的"玫瑰色石头城"！而"佩特拉"在希腊语中恰恰就是"石头"的意思。

以上所述并非佩特拉城的全部，在佩特拉城博物馆，还收藏着该城的文物。壮硕武士威武不已，顶水少女婀娜多姿，温顺的绵羊惹人怜爱，咆哮的雄狮威猛无比……一尊尊雕塑上的人物或动物形象仿佛呼之欲出。

公元 2～3 世纪，佩特拉在罗马帝国鼎盛时期是其东部地区的佼佼者，后来莫名地衰落下去，进入 19 世纪就成了神秘的城市，被阿拉伯人称为"佩特拉废墟"。1812 年，瑞士人贝克哈特闯过了荷尔要塞，这个长期被遗忘的城市终于再次进入人们的视野，并且引发了探险者的兴趣。20 世纪 90 年代，佩特拉出土了东罗马帝国时期的拜占庭教堂的整个地板和部分墙壁，还有一套约 40 卷的羊皮纸卷，科学家估计它们有 1400 多年的历史。

曾经无比辉煌的佩特拉古城为什么废弃了呢？专家推测可能要归因于天灾。公元 363 年这里曾经发生过一场毁灭性的地震，而在 551 年再次遭到地震重创，由此逐步变成废墟。据专家研究，佩特拉后来没有重新建设，或许是出于此地的环境不断恶化的缘故。虽然佩特拉古城已经不复存在了，但是人们还是希望能够发现它更多的秘密。

第二章　非洲古文明

第一节　探访埃及古文明

深埋历史中的古埃及文明突现阳光之下

　　很久以来，埃及就以很多的人造奇观而闻名于世。有人说，在埃及就一定能有所收获——只要你把铲子插入地下！几个世纪以来，这个国家宝藏的巨大丰硕一直吸引着无数探险者。到底是谁首先打开了历史的大门，带领现代人走入了法老王的神秘世界？埃及学的热潮又是怎样掀起来的呢？

　　这个话题也许得从拿破仑说起。拿破仑——这个大家耳熟能详的伟大的名字，在这里会让我们对他的另一功绩刮目相看——"发现"埃及！他不仅是个

古埃及农耕图

狂热的对外扩张者，而且对所到之地的文明有着不同寻常的认识，他并未一味地破坏、掳掠，而是极力考察、搜求。

　　18世纪时，欧洲经历了轰轰烈烈的工业革命，科学技术得到了大发展，恰恰是这个时代让人们对往昔产生了无比的怀旧之情。在人文科学方面兴起了考古、古文字研究的热潮，当时世界上有意大利庞贝城的发现、两河流域文明的解读，拨开了人们追昔抚旧的薄雾。充满诱惑与神奇的时代，必定让人们的心为之而神往，

于是学者们抓住时代赋予的便利，在走向探索神秘的道路上，采用了科学的手段。拿破仑对东方文明憧憬已久，伴随征服埃及的强烈欲望的，是他创造历史的梦想，他不失时机地组建了"科学艺术考察团"，计划随大军出征。

1799 年，正值中国历史上清王朝嘉庆皇帝在位的时候，拿破仑带领大兵浩浩荡荡地开进了埃及。

当他率领军队从土耳其人手中夺回埃及的时候，他看到了伟大的标志性建筑就出现在地平线之上，这时他喊道："士兵们，它们正在注视着你们呢——那就是远处耸立了 4000 年的大金字塔。"他的军队受到了强烈的震撼，拿破仑决心亲自去创造历史。事实上，他确实在一个方面取得了成功，那就是激发了人们对古代埃及的想象。

与拿破仑的 3.4 万人的军队一同前往埃及的还有 167 名"随从"，他们并非普通的随从，而是一个由艺术家、科学家和其他学者组成的团队，此外还配备了仪器设备和大量的图书。

千里迢迢地从西方来到东方，不就是要征服这块土地吗？为什么还带这么多的专家学者呢？从军事上讲，这太不明智了。

当然，拿破仑有他自己的盘算。

如同当年的亚历山大，拿破仑这次选择了埃及，不只是有征服的目的，还源于他对东方文化的迷恋之情，以及对东方的无限向往。在野心加梦想之外，拿破仑所处的时代也有许多其他因素使他把目光投向埃及。

公元 1799 年，在拿破仑远征埃及的队伍中，行进着几位衣着便服的学者。学者们对这片土地充满了迷恋和好奇，面对着眼花缭乱的宝藏，心潮澎湃、跃跃欲试。

有一天，一队士兵正在罗塞塔附近修筑要塞。

忽然间，士兵中一阵喧哗，原来在推倒一堵旧墙后，一块磨光玄武岩的黑色石碑露了出来。石碑约 115 厘米长，28 厘米厚，73 厘米宽；由于风蚀日晒，上面三段铭文已经字迹模糊。这块希腊文石碑，被人们称作"罗塞塔石碑"。

罗塞塔石碑上的第三段文字是希腊文，军中一位懂希腊文的将军马上把它译了出来，说的是公元前 196 年国王托勒密五世的一道诏书，而另外两段文字没有人能辨识，是当时尚未破译的古埃及文字。尽管如此，当时专家都一致认为，这块石碑的价值是不可轻视的。

对于古埃及文明的研究者们来说，石碑上的三段文字意味着什么呢？

据考证，在托勒密王朝统治埃及期间，官方文字虽然是希腊文，但由于大多数埃及人不懂希腊文，所以国王的诏书通常以两种文体或三种文体对照的形式发布。所以，石碑上的这三段文字的内容很可能是相同的。

当时面对这块石碑发出惊呼的士兵们没有想到，在此后的 200 年里，罗塞塔石碑使众多学者为之倾注心血。

随后，"科学艺术考察团"出版了《埃及记述》一书，颇具轰动效应。此书图录 12 卷，文字记述 24 卷，装帧精美、内容丰富。《埃及记述》是一部由多人撰写的作品，填补了人们对古埃及文明认识的空白，它给我们展现了古埃及的方方面面。

《埃及记述》再现了一个古老国度的神秘风貌。它比公元 19 世纪任何其他人为研究埃及所做的贡献都大。

在这些著述问世前，人们对古代埃及的了解有多少呢？

虽然有心的学者可以在希罗多德的《历史》中找到关于古埃及的见闻，古典作家斯特拉波的《地理学》中也有关于古埃及的记叙。但对于当时的人们来说，古埃及仍是一片被岁月淹没了太久远的世界。

自公元 7 世纪阿拉伯人征服埃及以后，古代埃及文明就随着法老时代的终结而一去不返。古代的象形文字成了死文字，没有人能看得懂。虽然偶尔也有人把古埃及的雕像作收藏品，闲谈那里的传奇，或者将文字拿来做装饰，但对大多数人来说，由于时间和空间的距离，加上文字的隔阂，古埃及已是非常遥远而神秘的了。

然而，拿破仑的远征，《埃及记述》等著作的出版，罗塞塔石碑的发现，掀起了研究古埃及文明的热潮。

罗塞塔石碑的释读成功，使一个研究古代埃及文明的新学科——埃及学诞生了。

此后不久，欧洲的古文物爱好者、艺术家和学者们纷纷来到这片沉寂的土地。这些早期来访者看到的东西有很多至今仍未被现代考古学家发掘，但那时他们看到的景色与现在有着很大的差别。当时一些非常有名的访问者通过文章和绘画记录下了那时的埃及古代文明的风貌。

随着各种各样的人来到埃及探险，沉寂多年的古迹从此便不得安宁，冒险家来猎奇寻宝，学者来探访，自古就有的当地盗墓贼也欣喜地发现了他们的黄金时代，纷纷活跃于学者与冒险家之间，兜售从墓中盗来的古物。

埃及，从此进入了一个新的时期。伴随着对它那古老历史的不断发现，它的珍奇文物也陆续遭受偷抢、蹂躏和掠夺。如果长眠地下的埃及法老王有知的话，不知他对此作何感想！

古埃及浮雕

木乃伊是如何制作的

提到木乃伊，不能不首先想到埃及。木乃伊最初的意思为"经过药物防腐处理的尸体"，后来引申为干尸。木乃伊的皮肤又皱又黑，但并不是想象中的那么恐怖丑陋，他们有的神态威严，有的神态安详，有的张开嘴酣睡，也有面带愠怒之色的。他们的姿态也有不同：女性则伸长了手臂，温顺地安贴在身际；男性常自负地将手臂交叉在胸前。

古代埃及人为什么要制作木乃伊？原来古埃及人非常重视自己的身体，他们从远古盛行的图腾崇拜中得到启发，产生了死后化神的灵感。古代埃及人相信只要肉体得以保存，人的灵魂就能

古埃及绘画

得到永生。人人都有一个美好的梦想，他们所以无论贵贱贫富，死后都将尸体做成看上去完好的木乃伊，认为灵魂在来世栖息的必要场所就是今世完整的躯体。古埃及人的宗教信仰非常强烈，这与他们相信来生有很密切的关系。"肉体死亡为灵魂开启通往永生的大门"，这个观念早就已出现，他们把对死亡的重视写成一本《亡灵书》。埃及的《亡灵书》大体是指古代抄录员为亡灵所作的所有经文，包括咒语、冗长的开释、赞美诗、神名、各类礼仪箴言等，它们一般都被镂刻或书写在金字塔或坟墓的壁上，有的则印在棺椁或镂于精美的石棺之上。

古埃及人认为，人生在世主要依靠两大要素：一是看得见的人体，二是看不见的灵魂。灵魂"卡"的形状是长着人手、人头的鸟，人死后"卡"可以自由飞离尸体。但尸体仍是"卡"依存的基础。考古学家、人类学家对何谓灵魂"卡"似乎并无论断，而且不清楚那样形象的"卡"是否有相应的考古遗迹，在没有更翔实的考古发掘之前，无论何种解释都只是猜测而已。古埃及人要为死者举行一系列复杂的仪式，名目繁多，使他的各个器官重新发挥作用，继续在来世生活，使木乃伊能够复活。因此，他们对死后保存尸体正如对生前保持良好健康一样重视，确保每个部位的灵活运转和身体的完整性。古埃及人死后，人们习惯上念诵一些祈文，希望将神灵注入死者身体。

那么如何才能顺利到达来世的幸福王国呢？首要的就是妥善地保存尸体。尸体，尤其是头部没有保存完好，"卡"就无法识别，死者将无法进入天堂，所以古埃及人会不厌其烦地用如此繁琐的手续来处理尸体。

　　那么埃及人又是如何制作木乃伊的呢？最初是将尸体埋葬在沙漠里，能够保存数年，滚烫的沙子具有脱水的作用。后来，木乃伊的制作主要采用埃及某些地区特别是奈特龙洼地出产的氧化钠使尸体完全干燥。二十一王朝时期，木乃伊的制作技术登峰造极，有些技术今人都望尘莫及。加工木乃伊的重要目的就是为了使之永久保存并且栩栩如生，首先就是把容易腐烂的胃、肺、肝等器官取出来，单独加工后放入罐中，称为"蓬罐"。心脏因为被看做是"智慧之源"而保存在尸体内，在晚期木乃伊的制作中肾也被保留在身体内。制作木乃伊的目的在于复活，也就是生命获得重生，它是通过一种叫做"开嘴"的仪式完成的。"开嘴"形象地表达了使死者来世能够开口吃饭或者说话的愿望。

　　古埃及人的防腐技术也是一流的，新王国时期第十八王朝（公元前1550～前1069年）使用的方法最复杂，效果最明显。制作木乃伊的防腐工艺有一整套复杂的程序，第一步是用长长的管子通过尸体的鼻孔将脑袋中的液体抽取出来，在清理木乃伊的头部时，埃及人将一种特制的有倒钩的金属工具从尸体的鼻腔伸入，使鼻腔裂开一个小孔，但又不会使整个头骨破裂。然后用一根细长工具伸入脑中搅拌，同时从鼻孔倒入棕榈酒，令脑髓充分溶解于棕榈酒中，然后把尸体翻转，使棕榈酒和溶解与其中的脑髓从鼻孔流出，从而使整个脑壳很干净。内脏器官取出来后用食盐吸干水分，然后用液态松香或食油浸泡，保存在叫卡诺皮克的容器中，随同木乃伊一起入葬，因为古埃及人认为这些是死者生前的东西，应当伴随左右，死后还需要这些。第二步是在清空内脏后，在缝合尸体之前填入沥青或松香等防腐物质，用棕榈油涂遍尸体全身。然后将尸体放在铺了一层泡碱、脱水盐的床上，于尸体上撒上更多的泡碱。第三步是经过浸泡40天完全排出尸体的水分后，用尼罗河的水冲洗掉尸体表面的原料，最后用亚麻布包裹起来。

拉美西斯三世的时候，开始使用人造眼球。考古发现的人造眼球原料主要有三种：一种是用石头磨制的石眼球，一种是经过烤制而成的瓷眼球，另外一种是拉美西斯四世采用的小洋葱头。其目的都是为了保持"活"的状态，让眼皮不至于下陷。

在不对身体造成损伤的前提下，墓葬师劳神费心地脱去尸体的指甲，然后用布包裹起来，有些法老还穿上用一片片金箔缝制出来的金缕玉衣。整套木乃伊制作需要长达 70 天左右的时间。

古埃及人制作木乃伊可谓用心良苦，目的是什么呢？是不是就是让死者灵魂永驻，将来能够和肉体结合，获得新的生命？考古发掘的墓室壁画似乎在给我们展示了古埃及人死后复活的渴望。壁画上描绘了木乃伊的双腿慢慢弯曲，躯干膨胀隆起，于是肉身与灵魂得到了结合，从而有了新生的图像，多多少少反映了古埃及人希望灵魂永驻的梦想。

解读古埃及象形文字

象形文字是埃及学的核心和关键，是开启古代埃及文明的钥匙。那么，象形文字这种符号密码是如何得到破译的呢？

古埃及不是一个文化普及的社会，会读书写字的普通人很少。但是，在宗教中占据中心地位的仪式和符咒则凭借一种称为象形文字的神秘文字被忠实地记录下来，它们要么被抄写员抄录到莎草纸上，要么被工匠们刻在坟墓、纪念碑及棺椁上。约 5000 年前，古埃及人发明了一种图形文字，即后来所谓的象形文字。但这种字很难看懂，写起来又慢，因此大约在 3400 年前，埃及人又演化出一种写得较快并且较易使用的字体，公元 4 世纪才慢慢消逝。

随着时光的流逝，以至于连埃及人自己也忘记了如何理解早期的那种象形文字了。若不是当初拿破仑大军入侵埃及时，随军的法国古文字学家们的那次发现，考古学家们极有可能至今仍无法辨认这种已死的文字。罗马的传记作家普鲁塔克通过分析研究，认为象形文字如毕达哥拉斯的箴言般具有特殊的魔力。

1799 年，拿破仑入侵埃及期间，随军的法国古文字学家们发掘出的罗塞塔石碑，成为释读古埃及象形文字的关键所在。许多年以来，这种象形文字对学者来说简直就是谜。直到 19 世纪 20 年代，它才终于被一个法国人破译出来，他就是"埃及学之父"——商博良。1790 年，商博良出生于法国一个书商家庭，他从小就表现出

古埃及末期王朝装饰品

极高的语言天赋，受到家庭环境的熏陶，学习了希腊语、希伯来语、拉丁语、科普特语、阿拉伯语、波斯语等多国语言。16 岁，商博良发表文章，论证了科普特语是古埃及语的一种；20 岁，他获得语言学博士学位；31 岁时，他突破了前人对罗赛塔石碑上的帝王名称研究，而进行了崭新的研究。

这位法国古代语言学者研究了这些文字，并设法释读了古埃及的象形文字。商博良释读古埃及象形文字的方法是：先设法挑选出埃及最后一个法老王族，通过对石碑上的文字逐一进行比较，随后再想方设法辨认出其他象形文字的词意——从而解读托勒密王朝时期的象形文字。有一次，商博良碰到一个帝王名字，他先识别出前两个符号发音为"美西"，又认定最后两个符号发音为"西斯"，最前面的符号发音为"拉"，联合起来就是拉·美西·西斯，也就是第十九王朝拉美西斯的名字。于是，他又用同样的方法识别其他帝王的名字。商博良于 1822 年将自己的发现公之于众。

在商博良以前，人们一直认为象形文字仅仅是它们所代表单词的图形表现形式而已。但商博良证明，它们是象形图、字母和音标的复杂组合，而且古埃及语还与科普特语存在某种内在联系，科普特基督教堂到现在还在使用科普特语。

商博良对古埃及语法和字典作了深入研究，形成了一套比较

古老文明

完整的体系，留下了几部重要的作品：《埃及的宗教、历史和地理》、《法老统治下的埃及》、《埃及与努比亚古物》等。然而，年轻的商博良博士积劳成疾，于 1832 年不幸去世，享年 42 岁，永远地告别了他热爱的事业。

古埃及象形文字这把钥匙，历来学者、考古学家都非常重视。对象形文字的破译，将会是一个漫长的过程，同时也是对古埃及文明再认识的重要契机。但是，到底深埋于地下的墓碑、石刻等遗存还有多少，世人还无法下论断，所以这把钥匙到底能够打开古埃及文明几扇大门，也是一个难以有定论的课题。也许不久的将来，人们会看到另一个埃及。

诡异恐怖的法老的诅咒

20 世纪 20 年代，欧洲的大报小报弥漫着"法老的诅咒"的可怕的声音，难道一个埃及法老有这么大的神通，居然对染指其墓室的人施加诅咒？媒体的喧哗不是没有根据的，它源于一个奇异事件：一位卡纳封伯爵进入了埃及第十八代王朝的年轻国王图坦卡蒙的陵墓，结果出来不久就去世了。事情虽然蹊跷奇怪，但伯爵之死当真与法老的诅咒有关吗？

1922 年，借助卡纳封伯爵的投资，考古学家卡特带领考古队开始对图坦卡蒙陵墓进行挖掘。经过近半年的艰辛努力，考古队毫无所获，这无疑给大家泼了一盆冷水，然而唯独卡特却坚信在帝王谷只有图坦卡蒙陵墓尚且没有被盗。当年 11 月 4 日，卡特来到了工作的最后一块工地上，抱着一丝希望，他虔

木乃伊的面具

诚地祈祷法老能赐予他幸运！工人们继续挖掘，突然，一条石阶呈现在大家面前，有的人兴奋地高声惊叫，卡特激动地匆忙跑过去，他指导大家继续挖掘，按捺着亢奋的心情，心中默念着：图坦卡蒙，图坦卡蒙！

　　石阶有 16 级长，约 27 英尺，连着一个地下通道。卡特用了几天时间清理完碎石，来到由巨石封住的大门前，帝王陵墓中的封印清晰可见。两周后，卡纳封伯爵也闻讯赶来，卡特又用凿子移开通道的顶盖，大门打开后，凿了一个圆孔后，将拿着蜡烛的手伸了进去。卡纳封伯爵急不可耐地问："你看到了什么啊？"卡特惊叹道："噢！都是精美绝伦的东西，我的上帝啊！"他们在墓室的门上打了一个洞，后来重新密封，由卡特亲手用砖块堵住。这条通道沿着黄金椁室的墙壁，通过墙上的一个洞，进入了著名的图坦卡蒙藏宝库。

　　工作过程中，他们找到了近 150 件陪葬品。或许从没有哪位君王生前佩戴过这么多珍贵的饰品：围绕在木乃伊四周的金银财宝超过了以往任何一次发现。陪伴图坦卡蒙前往众神国度的物品，现在都被安放在开罗埃及博物馆的展示柜里。

　　在并不起眼的墓室中，有大量的宫廷用品，有珍贵的珠宝箱，有雪花石膏瓶，有狮子头装饰的金躺椅，有豪华的金战车，有精美的莲花宝座……最吸引大家眼球的是里端的两座雕像：身穿金裙，手执权杖，脚踏金履，额头上盘着护身符眼镜蛇。带着金面具的年轻的图坦卡蒙国王，被卡特揭开了面纱，沉寂了 3000 年之久的法老一夜间成为考古界最知名的人物，其金面具也被世人所知晓！虽然找到了数百件珠宝，但卡特依据古代记录估计，多达 60％ 的物品都已被神通广大的盗墓人偷走了。

　　图坦卡蒙的三间墓室里还发现了数不胜数的财宝金银。如果把这些财宝折合成现在的货币至少价值数百亿美元！新王国时期埃及法老们的奢华由此也就可见一斑了。

　　图坦卡蒙墓在 1923 年开放时曾引起轰动。在那儿发现了最为惊人的文物——一口纯金棺、面罩、珠宝、金色王冠、雕像、武器、饰物、双转战车、绘图——数量之多以致人们花了 3 年时间

第二章　非洲古文明

才把墓穴清理完毕。这个公元前 1352 年去世时只有 18 岁的年轻法老，几乎将埃及当时所有的珍宝都作为了陪葬品——如今它们全在开罗的埃及博物馆里，虽然他依然躺在墓中的大理石棺里。

没人知道在盗墓者未涉足前，地位更高的统治者墓穴里到底有些什么惊人的财富。今日这些墓穴里的壁画特别能引起人们的兴趣，它包括"死者之书"上描绘的死后生活的情景，以及动物头像的多个神灵。拉美西斯三世的陵墓内有古埃及日常生活的愉快场面。

虽然卡纳封伯爵为这次昂贵的寻宝行动提供了资金，但一直以来就有人怀疑，卡特私自侵吞了法老的部分珠宝。卡纳封伯爵没机会用他发现的宝藏显耀门庭，因为如此重大的发现必须移交给埃及政府，卡纳封伯爵只能是空手而归。

图坦卡蒙的发掘，是 20 世纪人类最大的考古成就之一，然而，发掘时虔诚的埃及人纷纷传说："可怕的事情就要发生了。"据说陵墓的入口处有这样一句可怕的咒语，上面写着"死神奥西里斯的使者亚奴比斯，将会用死亡的翅膀接触侵扰幼王安眠的人。"图坦卡蒙的陵墓被掘开时，一位埃及人曾经讲过这样一句话："他们将面对死亡，正如他们将会看到黄金。"结果，死亡的阴影真的降临。第一位牺牲者就是投资发掘陵墓的卡纳封伯爵。卡纳封伯爵收到卡特的电报后，火速赶往埃及。他在离开伦敦前，一位以相命闻名的预言家曾经对他说："埃及之行极危。"因为卡纳封伯爵对埃及学术颇有研究，一路上，他心中有种不祥的预感，因为他对古埃及玄秘的诅咒相当畏惧。最后，他的预感果然变成了现实。

到达埃及之后，卡纳封伯爵像中了邪一样天天赶往挖掘的现场查看。有一天，当他正要步入王墓的入口时，忽然被"某种东西"叮了一下，左面颊感觉有些疼痛，于是他心中充满了一种无名的恐怖。由于当时光线太暗，看不清到底是什么东西咬了他，但回去之后被叮咬处肿了起来。肿块没有消失的迹象，而且越来越大。几天之后，卡纳封伯爵小心翼翼地刮胡须，虽然他特别小心避免碰到那肿块，可是手上锋利的刮胡刀却像着了魔一样往肿块处滑动，不听指挥，最后竟然割破肿块，没想到，这一创伤竟然导致败血症。卡纳封伯爵全身发烧，被送进开罗医院。他感到无端的恐惧，并且全身肌肉疼痛。据说，他在医院的床上不停地做梦，嘴里念叨着："图坦卡蒙……""原谅我……""法老王……"等呓语。一天早晨，陪侍的护士突然听见卡纳封伯爵提高嗓子呐喊："我现在完了，已经听到呼唤声音了……"大约凌晨两点，卡纳封伯爵面露痛苦的表情，气绝命断。

图坦卡蒙的金棺

卡纳封伯爵去世的消息在世界各地成了头条新闻。各种谣传和非议一直伴随着伟大的发现者卡特的后半生。卡特躲进了陵墓里——为了逃避媒体对他捕风捉影的臆测，他全身心地投入工作中，不敢有丝毫的怠慢。

更为奇怪的是，很多人都传言，在当时进入图坦卡蒙墓的20多人当中，在10年之内，死于非命的就有21人之多，这里边最为蹊跷的就是：不仅卡特的秘书死了，他秘书的父亲（也是一个勋爵）也死于非命。为什么说他死于非命呢？因为他自杀了，还留下了一张纸条，在纸条上他写了这样一些字："我实在忍受不了世界的这种恐怖了，那么我也发现不了我现在存在这个世界上有任何意义，于是我为我自己找了一条出路……"这条出路是什么？就是他从四楼上跳了下去，重伤而亡。当然这一切都是在报纸上的评传，是不是真的也无法确定。但是一切传闻确实是把这个法老的诅咒搅得沸沸扬扬。

狮身人面像之谜

开罗西南的狮身人面像坐落在吉萨大金字塔附近，是埃及著名的古迹，与金字塔同为古埃及文明最有代表性的遗迹。狮身人面像并不是只有埃及开罗才有，只是这一座是最大，而且是最古老的。狮身人面像为 4500 年前卡夫拉王所建，是具有狮身及卡夫拉王面容的巨大石像，上面巨大的石灰石是当时的雕刻家们的杰作。在历史上，它曾被黄沙掩埋至颈部，甚至到头部，直到公元前 1400 年左右，埃及十二王朝的杜德摩西四世才把它清理出来。狮身胸前两爪之间有一块残存的记梦碑，碑上记载着一段有趣的故事。当杜德摩西四世还是王子时，有一天他在沙漠上狩猎累了，便在被黄沙掩埋的狮身人面像头上睡觉，在睡梦中他梦见狮身人面像向他承诺让他成为法老王——条件是将它在黄沙中拯救出来。他醒来后立刻着手，后来他真的成为法老王。

狮身人蹲伏在卡夫拉的陵墓旁，面像坐西向东，除了长达 15 米的狮爪是用大石块镶砌外，整座像是在一块含有贝壳之类杂质的巨石上雕成。面部是古埃及第四王朝法老卡夫拉的面容。相传公元前 2611 年，卡夫拉到此巡视自己的陵墓——卡夫拉金字塔工程时，吩咐为自己雕琢石像。工匠别出心裁地雕琢了一个狮身、而以这位法老的头像作为狮子头的雕像。在古埃及，狮身人面像实际上是法老的写照——狮子是力量的象征。由于它状如希腊神话中的人面怪物斯芬克斯，西方人因此以"斯芬克斯"称呼它。

狮身人面像原来头戴皇冠，额套圣蛇浮雕，围项圈，留长须。经过几千年的风吹雨打和沙土掩埋，项圈、皇冠不见踪影，圣蛇浮雕于 1818 年被英籍意大利人卡菲里亚在雕像下掘出，献给了英国大不列颠博物馆。胡子四散脱落，大不列颠博物馆存有一块、埃及博物馆存有两块。1981 年 10 月，石像左后腿塌方，形成一个 2 米宽、3 米长的大窟窿。1988 年 2 月，石像右肩上掉下两块巨石，其中一块重达 2000 千克。历经 4000 多年的狮身人面像，现已千疮百孔，胸部、颈部腐蚀得相当厉害。

狮身人面像的头像，真的是以卡夫拉王作模特儿的吗？这是个千古之谜。难道用来护卫自己的陵墓，居然用自己脸面的形象雕像，不会被人耻笑吗？

狮身人面像

在古希腊的神话中，巨人与妖蛇所生的怪物：具有人的头、带着翅膀，狮子的躯体，名叫斯芬克斯。斯芬克斯生性残酷，他从智慧女神缪斯那里学到了许多谜语，常常守在大路口。每一个行人要想通过，必须猜谜，猜错了统统会被吃掉，蒙难者不计其数。有一次，一位国王的儿子被斯芬克斯吃掉了，国王震怒之下发出悬赏："我给他王位！——谁能把它制服？"

勇敢的青年狄浦斯，应国王的征召前去报仇。

"小伙子，猜出谜才让通过。"斯芬克斯拿出一个最难的题给他猜。"能发出一种声音，早晨用四条腿走路，中午用两条腿走路，晚上却用三条腿走路，这是什么？""这是人。"聪明的狄浦斯很快地猜了出来。狄浦斯成功地揭开了谜底，斯芬克斯原形毕露，只能自杀以赎回自己的深重罪孽。有专家认为，狮身人面像是依照斯芬克斯的形貌雕刻的。

狮身人面像自几千年前诞生以来，饱经风吹日晒，脸上的色彩脱落。最令人痛惜的是，它的鼻子也不知道跑哪儿去了。一种至今广为流传的说法是，1798年拿破仑侵略埃及时，看到它庄严雄伟，仿佛向自己"示威"，一气之下，傲气十足的拿破仑命令部下用炮弹轰掉了它的鼻子。

除此之外，还有一种说法是早在拿破仑之前，就已经有关于它缺鼻子的记载了。据说500年前，狮身人面像曾经被埃及中世纪的近卫兵——埃及国王的马木留克兵，当作大炮轰射的"靶子"，也许那时它的鼻子"挂彩"了……

又据某些记载，埃及的历代法老和臣民，视这尊石像为"太阳神"，朝拜的人往来不绝。后来，风沙把它慢慢地掩了一大半，

古老文明

这时一名反对崇拜偶像的人，爬上沙丘，拿着镐头，毁坏了它的容貌——狠狠地猛凿下了露出沙面的鼻子。

在漫长的岁月中，狮身人面石像曾多次承受被埋入沙土中的"痛苦"。也许由于这个原因，公元前5世纪，希腊著名的历史学家希罗多德访问埃及时，对金字塔作了详细而生动的描述，而只字未提近在咫尺的狮身人面像。很可能，当时它已完全被沙丘盖住了。

帝王谷里的神奇遗存

在埃及远离底比斯的地方，有一个荒凉的山谷——帝王谷，那里几乎没有生命存在，酷热、干燥，但是对考古学家们却有着极大的诱惑力。因为有28个曾经有着无上权力的法老安眠在那深深凿进岩石中的墓穴中，与他们一起埋葬的还有神秘和财富。这个山谷是法老们的再生之地，一直用来安放法老的遗骨。

古埃及帝王谷坐落于有"世界上最大的露天博物馆"美誉的卢克索，距尼罗河西岸7千米。

在很长一个时期里，"帝王谷"没有被人发现。但是，随着岁月的推移，这里的陵墓还是神不知鬼不觉地被盗墓者一个个地洗劫一空。不过，有一座法老的陵墓却奇迹般地逃脱了厄运，静悄悄地沉睡了3300多年，直到1922年才被英国考古学家卡特博士发现。

神秘的帝王谷由何而来？它为历史留下的是死亡还是人类生存过的痕迹？

埃及国王托特米斯一世（前1545～前1515）给埃及带来了巨大的变化，它标志着帝王谷的建筑活动时期的开始。托特米斯一世是埃及王朝统治时期的有极大影响的人物。埃及的文化发展打破了许多旧时的传统，从而演变为文明的发展，这个演变也自托特米斯一世始——当然，这一点还有待最后的证明，而想要证明这一点单靠考古学是不够的。

从托特米斯一世开始，埃及法老们便不再修造金字塔作为自己的陵墓，在接下来的500年期间，法老们都在帝王谷建造自己的陵墓，最大的一座是第十九王朝沙提一世之墓。墓穴有细小通道通向墓穴深处，入口往往开在半山腰，通道两壁有清晰的图案和象形文字。帝王谷附近还有卡纳克神庙及王后谷，帝王谷和王后谷都是安葬古埃及法老、女法老、法老的妻子以及显达贵人的地方。

法老们为什么选择在此地安葬自己呢？此前，他们的祖先把墓地建成金字塔形状，但金字塔终究是高大的建筑，容易被发现。虽然内部机关重重，后来都没逃脱被盗的厄运。从十七王朝开始，法老们吸取教训，将墓地建在不为人知的地下。于是，他们选中人烟稀少的卢克索，在偏僻的山谷，将墓地建在悬崖峭壁上或大山下，希望掩人耳目而避开被盗的劫难。

帝王谷埋藏着第十七至二十王朝的法老和王室贵胄。所有的墓都是同样的模式，每位法老从登基的那一天起，便开始建造陵墓。目前考古已发现 64 座墓穴，都依山而建，隐蔽性极好，墓口用乱石堵住。

历代法老王可谓机关算尽，可还是难逃被盗的厄运，帝王谷中的木乃伊和随葬品大都不翼而飞。唯有少年法老图坦卡蒙的墓侥幸逃过劫难。

图坦卡蒙墓之所以能在几千年里没有被人发现，是因为在地面上贫民们盖上了许多茅舍，在这座墓的上层，又有许多其他法老的墓。

托特米斯的陵墓是帝王谷中最早的一座，在底比斯西麓峭壁上，岩壁上开凿一条陡峭的隧道作为墓穴，这种隧道被形象地称为"笛穴"，而且这种方式被后人沿用。著名的托特米斯的陵墓与殡葬礼堂是分开的，两者相距差不多 1 英里，在帝王谷中明显与众不同。他的遗体没有放入金字塔，而是保存在峭壁上的洞穴中，在当时能有这样的举动那就意味着摆脱了千余年的传统，这似乎就是一种早期的岩葬。托特米斯同建筑师依南尼多次商讨后，鉴于以往的陵墓遭到毁弃，一反传统习惯，决定将陵墓同殡葬礼堂分开。托特米斯一世后，在长达 500 年的时间里，法老王的陵墓都掩埋于帝王谷，然而至今人们也搞不清楚到底这些法老的遗体保存了多久。法老王一厢情愿的愿望总是被盗墓者破坏得体无完肤，托特米斯四世去世不久，其陵墓上就留下了盗墓者的痕迹。尽管当时埃及的宗教势力已经日趋没落并逐渐为世俗观念所代替（第二十一朝的国王本人就是教士，在这以前教士的势力一直在埃及日渐增长），但托特米斯在思想深处最为关心的仍旧是他死后的木乃伊会不会遭到破坏。到第十八朝末为止，底比斯一带的帝王陵墓没有一座免于被盗；木乃伊身上的"神铠"不是部分损失，就是完全剥光，使得这些遗骨遭到了万劫不复的玷辱。

可盗墓人作案中途发现情况，丢下赃物仓皇逃遁者是有的，照例是从来未曾被人抓到过。托特米斯在位之前 500 年，有人潜入泽尔王妻子的墓室，盗墓者正在肢解王后的木乃伊时被人惊走，仓促中把一条干尸的手臂藏在墓室的一个洞里。这支手臂在 1900 年被一位英国考古学家发现时，仍旧包裹得完整无损，上面还戴着一只绿松石的臂镯和贵重的紫水晶。

托特米斯的总建筑师名叫依南尼，国王和他讨论的内容是完全可以想见的。在最后决定打破传统时，托特米斯一定考虑到了陵墓的结构和地点的绝对保密问题。否则无法保证免遭以往帝王陵寝的同样命运。

倒是要感谢建筑师依南尼的虚荣心，具体施工的记载得以保存下来。因为依南尼本人的殡葬礼堂的墙壁上的镂文详述了他的生平，其中有几句是值得注意的，有一段叙述了这第一座岩洞陵墓的构筑经过：

"国王陛下的岩洞陵寝是我一个人监修的，谁都没有听说过，谁都没有见过。"

现代考古学家霍华德·卡特却对依南尼使用的工人数目有所估计。卡特是对帝王谷和那里的陵墓结构极有研究的，他写道："知道国王的这件头等机密的工人显然是不可能逍遥自在的，这些人有 100 名以上。依南尼肯定会想出有效的办法封住他们的口。"据估计，工程结束以后他们就被统统杀掉了，这些工人大多是战俘。

托特米斯打破传统的做法有没有达到目的呢？

可以确定，在悠久的埃及历史中这段时间并不很长，托特米斯等人的木乃伊在那里平安地躲了多久不得而知。他和他的女儿以及另外几个人的木乃伊终于被人迁了出来，这件事并不是盗墓人干的，而是教士们预防盗墓的措施。国王们不像过去那样分散，选定的墓穴位置是彼此靠近的，这是为了便于集中守护，然而盗墓的事仍旧不断发生。

托特米斯四世死去刚刚几年，窃贼们就像是来访者留下了名片，在他的墓室的墙上划了他们的黑话。这座墓遭受的损失极为惨重，因此100年后，虔信宗教的国王霍仑亥布于在位八年时下令给名叫克伊的一名官员，叫他"在底比斯西部高贵的墓园，尊礼重新安葬托特米斯四世"。

后来，考古学家还发现了建于3000多年前的古埃及第十八王朝时期的古墓。令人欣慰的是，存放这些木乃伊的人形石棺完好无损。棺内有二十多个大储藏罐，一些葬礼用彩色面具，罐口有法老的封印。据说，这处简陋的墓穴里面包含了按照人的身体轮廓建造的五个木制的棺材。每一个人形棺材的头部都放了一个面具，但这些面具在研究者的眼中仍然是个谜。棺木已经失去了原有的颜色，四个都保存完好，只有一个显得有些破旧。专家认为，棺中的木乃伊可追溯到第十八王朝，说明这五具木乃伊已经沉寂了3300～3500年。神秘墓穴的问世，引起了世人的极大关注，将沉寂多年的帝王谷重新带回了人们的视线。

这一新发现，没有像1922年出土的图坦卡蒙墓穴那样富丽堂皇，没有带来太多物质价值，也没有太多值钱的陪葬品，但它的出现让关注埃及木乃伊的世人重拾希望，让许多已经对帝王谷失望的考古学家重新打起精神。

对于这处不起眼但有非比寻常意义的墓穴，人们最关心的莫过于它会是谁的坟墓。据专家分析，原本这里应该只有一个棺材，墓穴是一个棺材的储藏室，其余四个棺材是后来不知为何才搬进来的，因此不可避免地出现了关于墓穴主人的种种猜测。除了墓穴的主人，考古学家们还无法确定每一具木乃伊制作的时间以及这处墓穴建造的确切时间，这些仍是未解之谜。

探访底比斯神庙

在公元前 14 世纪中叶的古埃及新王国时期，尼罗河中游，曾经雄踞着一座当时世界上无与伦比的都城。这就是被古希腊大诗人荷马称为"百门之都"的底比斯。

为什么把底比斯称为"百门之都"呢？

底比斯是一座充满神奇色彩的古城，它的兴衰是整个古埃及兴衰的一个缩影。

公元前 2134 年左右，埃及第十一王朝法老孟苏好代布兴建底比斯作为都城，直到公元前 27 年，底比斯被一场大地震彻底摧毁时止，在 2000 多年的漫长岁月里，底比斯在古埃及的发展史上始终起着重要作用。

但后世人对它感兴趣，不仅仅在于底比斯是埃及法老们生前的都城，也是法老们死后的冥府。底比斯横跨尼罗河两岸，位于现今埃及首都开罗南面 700 多千米处，底比斯的右岸，也叫东岸，是当时古埃及的政治和宗教的中心。底比斯的左岸，也叫西岸，是法老们死后的安息之地。

底比斯在埃及古王国时期，是一个并不出名也不很大的商贸中心。通往努比亚的陆路，通往西奈半岛和彭特的水路，都要经过底比斯。底比斯的兴盛是跟阿蒙神联系在一起的。法老孟苏好代布把首都定在底比斯后，开始在底比斯为阿蒙神大兴土木，又将阿蒙神奉为"诸神之王"，成了全埃及最高的神。底比斯在古埃及历史上的重要地位就这样被奠定了下来。

到了公元前 2000 年左右，虽然第十二王朝的开创者门内姆哈特一世曾把首都从底比斯迁到孟斐斯附近的李斯特，但在底比斯仍然为阿蒙神继续兴建纪念性建造物。从公元前 1790~前 1600 年，古王国遭到了外族喜克索斯人的入侵。喜克索斯人最后定都阿瓦利斯，征服了大半个埃及，建立了第十五王朝和第十六王朝。底比斯经历了第一次衰落。埃及人在阿赫摩斯一世的率领下，又在底比斯建立了第十七王朝，在公元前 1580 年左右把喜克索斯人赶出了埃及，并攻占了阿瓦利斯城，开创了古埃及新王国时代。

新王国时期的法老们再次选定底比斯作为埃及的政治和宗教的中心。他们掠取了大量财富和战俘，发动了一系列侵略战争，并把底比斯建成当时世界上最显赫宏伟的都城。他们在东底比斯为阿蒙神和他们自己建起了一座座壮观的神庙和宫殿。

完成于拉美西斯二世的底比斯阿蒙神庙主殿，总面积达 5000 平方米，中间最高的 12 根大圆柱高达 21 米，有 134 根圆柱，每根柱顶上可以容纳 100 来人，规模真是大极了，为世界所罕见。另外，路克索尔寺院、阿蒙诺斐斯三世寺院、拉美西斯二世宫殿等等，也都十分庄严宏

古埃及金饰品

伟。与此同时，他们又在西底比斯修建了一系列工程浩大的陵墓，其中尤以著名的拉美西斯二世墓和图坦卡蒙墓最为豪华。

法老们把荒山作为天然金字塔，沿着山坡的侧面通过开凿地道，修建豪华的地下陵寝。

在西底比斯一个不显眼却又盛产建筑材料石灰岩的山谷里，权贵们和法老为自己修造了一座座陵墓。这个山谷被后人称之为"帝王谷"。

第二十一王朝以后，随着底比斯统治集团内部矛盾的不断加剧，新王国日益衰落，加上爱琴海和小亚细亚一带的"海上民族"的不断入侵，底比斯也开始了自己的厄运。公元前 663 年左右，入侵埃及的亚述军队再次洗劫、火烧了底比斯。公元前 27 年，一场地震又使底比斯城里仅存的一些纪念性建筑物瞬息之间倾塌。

到公元 19 世纪，底比斯成了古墓盗劫者的乐园，只留下一堆废墟。在现今埃及的卢克索和卡纳克一带，人们还能见到底比斯遗址的一些断垣残壁。

第二章　非洲古文明

第二节　其他非洲古国文明印象

利比亚大莱波蒂斯古文明

利比亚的地理位置十分重要。北处地中海南岸，海岸线长达1900千米，四季宜人的地中海气候可以让人尽情地享受阳光与沙滩。南部和内陆有绵延不绝的沙漠，而沙漠湖泊与绿山瀑布又是利比亚独一无二的奇特景观。

利比亚有着悠久的历史和光辉灿烂的文明，留下了很多历史文化遗产，大莱波蒂斯遗址是其中之一。大莱波蒂斯位于利比亚科姆斯地区的莱卜达河出海口，是地中海地区面积最大、保存最完好的考古场所之一，也是一座规模宏大、设施完备且充满神秘色彩的古城遗址。大莱波蒂斯遗址方圆约2.5平方千米，那里有北非保存最好的罗马建筑。1982年，联合国教科文组织将其作为文化遗产，列入《世界遗产名录》。

大莱波蒂斯在2000多年前，是当时利比亚地区和加达梅斯城之间进行贸易的主要通道，占有十分重要的经济地位，是地中海沿岸一颗闪耀的明珠。

在古代，利比亚北部曾经是迦太基人的领地，从公元前146年罗马人占领迦太基的国土，到公元439年汪达尔人占领此地，在前后500多年期间，大莱波蒂斯逐渐成为罗马帝国的最重要的城市之一。但是这样一座规模巨大的古城却长期掩埋在沙漠中，无人知晓。直到17世纪末，一位名叫杜兰德的法国人旅行经过这里时，发现了一些残存的古代建筑，这令他惊讶而又欣喜。他回到法国后，报道了这些情况，这才引起了西方国家的重视。1912年，意大利占领了利比亚，这期间他们派了一批有500人的考察队，来发掘这座地下古城，大莱波蒂斯遗址至此终于重见天日。1982年大莱波蒂斯遗址被列入世界文化遗产以后，大规模的发掘活动才得以展开。大莱波蒂斯这座古城开始逐渐呈现在世人面前。

它的布局具有典型的罗马建筑风格。其城区的建筑布局呈长方形，南北的主街道是卡尔多，东西干道是德古玛努斯，城内的其他街巷都与这两条大街平行而建。沿卡尔多大街向北不远，可一直通到地中海南岸。卡尔多街南端是著名的塞维洛拱门，也是大莱波蒂斯考古区的入口处。随着发掘的不断深入，人们逐渐了解了大莱波蒂斯的历史。

大莱波蒂斯始建于公元前 1 世纪，其遗址包括很多建筑。其中，建造于公元 1～2 世纪的大剧场、浴池是古罗马人最喜欢去的娱乐场所，这些建筑也最具有代表性。大莱波蒂斯剧场是此种典型的建筑，它主要由半圆形的看台和舞台组成，中间由乐池连接，形成和谐完美的整体。大剧场建筑气势恢弘，位置也是精心选址的，面临大海，从看台上可以直接看到舞台和高大的背景墙，站立又可以眺望碧波荡漾的地中海。建于公元 126～127 年的海德瑞恩浴室，像所有罗马遗址中的浴室一样有冷、暖、热三种不同的水池，而蓄水池的底部采用了一种叫防水石的材料。

公元 2 世纪时，城市沿地中海南岸向东西两个方向扩展，人们在原来的战壕位置修筑了石头城墙。公元 3 世纪初，大莱波蒂斯的城市建设达到巅峰时期。在当地出生、后来成为古罗马皇帝的塞普蒂米厄斯·塞维洛（公元 193～211 年在位）于 202 年在东部前线获胜后，第二年就回到故里。据说塞维洛拱门就是在他凯旋之前建造的，这座拱门的东西南北各有一个门洞，以巨型石灰岩建成，外面用大理石浮雕和檐柱装饰。除了拱门外，塞维洛和他的两个儿子在位期间还建造了许多具有历史意义的建筑，新建了两条街道，在地中海扩建了大型海港，使千余吨的船只也可以直达城外装卸货物和粮食。

但是，社会历史的发展总是会出现令人惊奇的一面。正当大莱波蒂斯发展到最为繁华的鼎盛时期，却突然被废弃，不久便被沙漠淹没了。此后，它从人们的视野中逐渐散去了，为人们所遗忘了，千余年来几乎像从历史的长河中消失了一样。

考古学家发现这座被废弃的古城时，城墙已被完全拆除，古城里所有的建筑完全暴露在沙漠的面前，这座历史名城就这样被深深地埋在黄沙之下，以至于隐遁形迹。然而，正因为大莱波蒂斯遗址上面覆盖了厚厚的沙子，才因祸得福，被完好地保存下来。

此外，考古学家在大莱波蒂斯遗址还发掘出多座建筑，以及古罗马街道、港口、集市等。如今，这些古迹大都得到了很好的修复，其中能容纳15000人的圆形大剧场的修复工作的顺利进行，让今人能够看到古老的大剧场的恢弘场面，而成千上万的雕刻和镶嵌图案被转移到的黎波里的博物馆里保存起来。

经过长时间的考古发掘和大量学者的努力，大莱波蒂斯遗址的很多问题已经解决，但还有很多令人疑惑的地方，其中一个问题是这座古城建立在大理石上，城市里所有的建筑都是用石灰石和大理石结合的建筑，所有的建筑都用大埋石和花岗岩来装饰，据说连市场里卖鱼小贩用的砧板，也都是用大理石制作而成的。然而，北非并不生产大理石，那么据此推断，当年建造这座古城的主要材料肯定是从海外运来的。考古学家们虽经过多年的努力，却收获无几，至今也弄不清楚这些石材来自何处。因此大家充分发挥想象进行猜测，有人认为它们来自埃及；有人认为它们采自地中海东部沿岸；也有人认为这些大理石是从罗马开出的船上的压仓物。

另外一个难解的谜团，就是大莱波蒂斯为何被人废弃，对此研究人员也有几种不同的观点。从发掘的遗址来看，在这座古城最为鼎盛的时期，有8万人在此居住，但是没过多久，竟变成了一个很小的居民点。最流行的一种观点是，由于汪达尔人的入侵才导致古城的毁弃。这种观点认为，罗马帝国衰败后，公元439年汪达尔人占领迦太基城，取代了罗马人在北非的地位。在汪达尔人统治时期（439~534），这座古城逐渐被沙石掩埋。但也有人认为，早在汪达尔人来之前好几十年，这座古城就受到了灭顶之灾。他们的依据是，公元365年，这里曾发生过一场大地震，损坏了古城大多数建筑物。还有一种观点认为，在地震之前，衰落的罗马帝国已无力对这里进行有效的管理。一个名叫奥斯图里的当地游牧部落曾洗劫该城，使其遭到毁灭性的打击。以上的种种解释，都有一定的道理，却始终没有一个定论。

经过多年的努力，考古学家对这座古城已有了大概的了解，但由于许多遗址至今还被埋在沙石之下，因此许多不解之谜尚待揭开。但大莱波蒂斯古城已有 300 多处古迹被考古学家发掘出来，随着以后不断的发掘，人们对这座被沙石掩埋千年的城市，定会有更多的了解。

奥克洛的远古原子反应堆

位于非洲中部的加蓬共和国，有个风景非常美丽的地方——奥克洛。但是，奥克洛的闻名于世，并不是由于它的风光，而是它那里有一座神秘莫测的原子反应堆。

奥克洛是非洲加蓬共和国一个铀矿的名字。从这个矿区，法国取得其核计划所需的铀。1972 年 6 月，奥克洛的铀矿石运到了法国的一家工厂。法国科学家对这些铀矿石进行了严格的科学测定，发现这些铀矿中铀 235 的含量低到不足 0.3%。而其他任何铀矿中铀 235 的含量理应是 0.73% 以上。这种奇特的现象引起了科学家们的高度重视和关注，运用多种先进的技术手段和科学方法，努力寻找这些矿石中铀 235 含量偏低的原因。经过再三深入的探讨和研究，科学家们十分惊奇地发现：这些铀矿石早已被燃烧过，早已被人利用过。这一重大发现立即轰动了科技界。为了彻底查明事实真相，欧美一些国家的许多科学家纷纷前往奥克洛铀矿区，进行深入考察和研究。经过长时间的共同努力探索，断定奥克洛有一座很古老的原子反应堆（又叫核反应堆），这个原子反应堆由 6 个区域的大约 500 吨铀矿石组成，它的输出功率只有 1000 千瓦左右。据科学家们考证，该矿成矿年代大约在 20 亿年前，原子反应堆在成矿后不久就开始运转，运转时间长达 50 万年之久。面对这个 20 亿年前的设计科学、结构合理、保存完整的原子反应堆，科学家们瞠目结舌、百思不得其解。这个原子反应堆到底是谁设计、建造和遗留下来的呢？这是一个令全世界科学家都无法揭晓的特大奇谜。更让人吃惊的是，核反应所产生的废物，并没有扩散，而是局限在矿区周围。由于这个奇迹出现于奥克洛矿区，因此，科学家们把它称为"奥克洛之谜"。

这个古老的原子反应堆是自然形成的吗？科学家们一致否定了这种可能性，因为自然界根本无法满足链式反应所具备的异常苛刻的技术条件。原子反应堆是使铀等放射性元素的原子核裂变以取得原子能的装置。这种装置绝对不可能自然形成，只能按照严格的科学原理和程序，采用高度精密而先进的技术手段和设备，由科学家和专门技术工人来建造，只有用人工的方法使铀等通过链式反应或氢核通过热核反应聚合氦核的过程取得原子能。

既然如此，这个原子反应堆的建造者是谁呢？据研究，早在20亿年以前，地球上还只有真核细胞的藻类，人类还没有出现。到新生代第四纪更新世早期（距今约300多万年前），才开始出现了早期的猿人。直到第二次世界大战末期，人类才制造了第一颗原子弹。1950年，在美国爱达荷州荒漠中的一座实验室内，才第一次用原子能发电。1954年，苏联才建造了世界上第一座核电站。由此看来，距今20亿年前，在奥克洛建造原子反应堆的，绝对不会是地球上的人类，而只有一种可能，那就是天外来客。一些科学家推测，20亿年前，外星人曾乘坐"原子动力宇宙飞船"来到地球上，选择了奥克洛这个地方建造了原子反应堆，以在原子裂变或聚变所释放的能量为能源动力。产生原子动力的主要设备是原子反应堆系统和发动机系统两大部分。反应堆是热源，介质在其中吸收裂变反应释放出的能量使发动机做功而产生动力，为他们在地球上的活动提供能量。后来，他们离开了地球，返回了他们的故乡——遥远的外星球，于是在地球上留下了这座极古老而又神秘的原子反应堆。

居住在奥克洛附近的民族主要为芳族、巴普努族等。在他们中间，流传着这样的神话传说：

在非常遥远的古代，整个世界漆黑一团，没有人类，也没有任何生物，大地一片荒凉。突然一个神仙从天而降，来到奥克洛地区。他们用矿石雕刻了两个石像，一男一女，石像能放出耀眼的光芒，使茫茫黑夜中出现了白昼。有一天，蓦然狂风怒吼，雷鸣电闪，两个石像变成了活生生的人，并且结成恩爱夫妻，生儿育女，他们的子孙后代，从此成了当地部落的祖先。

这个神话透露出了一点信息，那个"自天而降"的神仙，很可能就是外星人，而那个能放出耀眼光芒的石像，很可能就是受过原子辐射照射的某些介质被加热后所释放出的光。

对此，也有人从另外一个角度进行解释。有人认为，地球上不止有一代人，在 20 亿年前，就曾有过一次高度发达的人类社会，由于相互仇视，发动核战争，人类毁灭了，但也留下了一些数量极少的遗物。而奥克洛原子反应堆，就是 20 亿年前的人类建造的。

到底哪一种说法对呢？现在还不是做结论的时候，还有待于人们进行更深入的研究和探索。

黄金和宝石之城——俄斐

《圣经》中记载着一个盛产黄金和宝石的城——俄斐，当来自俄斐的示巴女王来到耶路撒冷觐见所罗门王时，她被要求带上了"大量的财宝：黄金、宝石"。据记载，俄斐的金矿是所罗门王难以计数的财富的源泉。大约公元 10 世纪时，俄斐与东南非洲开始交往。那时，在东南非洲海岸的港口从事贸易的阿拉伯人开始购买黄金。这批黄金也就找到了从非洲内地到海外的出口途径。

可是，书籍中记载的这个遍地是黄金的城市，到底在非洲的什么地方呢？数个世纪以来，人们一直想知道俄斐城的准确位置。

岁月在无情地流逝着。随着欧洲人在非洲沿海地区进行勘测、贸易和垄断，失落的文明古都的传奇一个个从非洲大地的东南端被人们发现。直到 19 世纪中期，欧洲殖民者仅仅从海岸向内地蚕食，他们对非洲内地的地理知识知之甚少。在他们的眼中，非洲是一片"黑暗的大陆"，一是因为当时他们对这片大地了解甚少，认为它简直是一片充满着神秘色彩的地方；二是因为欧洲人把当时的非洲人看成是原始的、尚未开化的民族。

1871 年，随着一个叫卡尔·莫克的德国人的到来，非洲黄金之城的秘密也渐渐被揭开。这个自幼就立志到非洲探险的德国人，经过了千辛万苦，最后在林波波河的南岸，最先找到了黄金、钻石矿藏的矿脉。后来在林波波河北面一个叫马绍那的地方，发现了一个废墟遗——包括一个小山丘、一座塔以及山顶上的一个圆形大围场，卡尔坚信，这就是盛产黄金宝石的俄斐，他把它重新命名为"大津巴布韦"。《圣经》上说过：示巴女王曾经到过所罗门王的宫殿，所罗门王用黎巴嫩的檀香木建筑他的宫殿。而卡尔发现，废墟建筑物的大门所用的就是檀香木。至于山顶所发现的那个圆形围场，卡尔认为一定是示巴女王模仿所罗门王的宫殿建造的！

但是除此之外，卡尔并没有发现示巴女王的任何宝藏遗迹。1872年3月，卡尔离开非洲回到欧洲，俄斐被发现的消息也迅速传遍了欧洲。后来数十年，探险家、寻宝者接踵而来，卡尔发现的这个小山丘废墟成为考古学上的一个热门话题。1899年，这个大津巴布韦，连同整个马绍那，都掌握在一位英国金融家塞西尔·罗得斯手里，后来他在这里建立了一个叫做罗得西亚的殖民地，继续着大津巴布韦的考古工作。虽然欧洲人愿意接受大津巴布韦就是《圣经》上描绘的那个遍地黄金的俄斐，但他们并不认为大津马布韦是来到非洲的腓尼基人所建，而是由埃及法老宫廷的流放者所建；或是由从北非来的阿拉伯人所建；或是由《圣经》中提到的流失的以色列部落所建；或是由海难中的北欧海盗所建。

那么，欧洲人为什么这么贬斥非洲文明呢？

这是因为欧洲人在非洲的领土攫取、传教热情、商业冒险主要都是基于一种主观看法，他们认为当时的非洲人"低人一等"的；他们的愿望可以被忽视，他们需要"较开化"的文明来"指引"。那时，多数欧洲人认为，撒哈拉沙漠以南的非洲人总是住在泥土茅屋里——这是原始的象征。而此时此刻所考察到的非洲文明具有如此高度的组织性和创造性，他们怎么会相信这样繁华富足的城市就是非洲呢？

事实上，现代考古学家们发现：大津巴布韦是一个强大非洲国家的中心；这个中心曾支配着津巴布韦高原——一片富饶的丘陵地带，南边有林波波河，北边有赞比亚河。津巴布韦高原以西是一大片起伏的平原；这平原越来越干旱，最后成了非洲西南部的卡拉哈里沙漠。向东，一片低洼的平原构成津巴布韦高原与印度洋的分界线。

早期的马绍那人发现津巴布韦高原是一个适合人居的地方。气候温和，雨量充沛，无边的草地提供了广阔的牧场，牛羊成了交换日常用品的中间物。该地区盛产铜、铁、锡，还有黄金，而黄金很快成了这高原的主要出口物。到公元9世纪时，贸易已成体系。黄金从津巴布韦的东边流到非洲和阿拉伯商人的手里；这些商人活跃在当今的肯尼亚到莫桑比克的非洲沿海港口。这些商人用黄金换回世界其他地区的产品，然后西运到非洲内地。在津巴布韦，考古学家已经发现有东非基尔瓦港口的古币、中国的陶瓷器物、印度的珍珠、伊朗的地毯等，足见其商业和交通的发达。

黄金贸易给以放牧为生的津巴布韦高原人带来了财富，大约在1250年，大津巴布韦向莫桑比克沿岸贸易港口源源不断供应黄金，此时的大津巴布韦达到了它的鼎盛期，这种状况一直持续了两三百年。今天仍然矗立的大型石艺建筑群就是那段时间修建的。津巴布韦高原有许多裸露地面的花岗岩，马绍那人加工花岗石的工艺非同一般：他们利用昼夜温差使花岗石自然地裂成薄片；他们知道在花岗石上生火，加快裂纹的生成，然后用冷水浸泼，岩石的薄片就很容易分开；他们还用楔子打进裂缝，使花岗岩成为石片。巴绍那人还发明了一种建筑艺术，这种艺术非常适合于使用这样的花岗石片，建筑上的一些设计与今天许多南部非洲人在自己家的墙上所作的图案十分相似。

马绍那人不使用象形文字。因为没有档案记载，考古学家不能确切知道各类建筑物的用途是什么，津巴布韦人的日常生活怎么样。20世纪70年代搜集的证据揭示，曾经有多达18000人居住在津巴布韦的山顶上。一位历史学家指出，大津巴布韦人的生活属于"城市型"，但还是有一些下层人士的生活区，那里拥挤、喧闹、充满煤烟——那是成千上万人的家庭煮饭时冒出的煤烟。津巴布韦有很多的能工巧匠，他们把这些原材料制成各种各样的物品。他们制造铁枪铁炮、金铜饰物；制造陶器，并绘上图案；他们把平滑光亮的皂石雕刻成石碟和石像。考古学家们还发现了大量的编制工具，说明大津巴布韦有着发达的纺织业，不过，这个国家的经济基础仍然是散布在农村的畜牧业和金矿开采业。在农闲季节，农村地区的牧民和农民可能都会到矿山劳动。

大约 1450 年，大津巴布韦开始衰败。历史学者推测，可能是因为与敌国的战争也可能是因为人口增长，造成的食物、燃料短缺和牧地匮乏。到了 16 世纪，葡萄牙人开始在沿海港口做邮购贸易，使黄金贸易受到挫折，大津巴布韦的地位每况愈下，马绍那政权的中心迁至他地。在数百年中，西南非洲在欧洲人、沿海地区的史瓦希里人，以及非洲内地的马绍那和其他地区的人之间的冲突中，备受苦难！逐渐地，大津巴布韦被人们忘记了，只有建造大津巴布韦古城者的后裔，仍然生活在它的印迹里。

16 世纪初，葡萄牙殖民者入侵南非时，已经风闻津巴布韦石头城的故事。但真正到现场勘察的是德国探险家卡尔·毛赫。他在 1868 年潜入石头城，被当地酋长捉到，一无所获。1877 年 9 月再次潜入，将石头城的方位标注在地图上，搜刮了一些文物，回国后向世界宣告这一"伟大发现"。消息传开，西方殖民者蜂拥而至，将珍贵文物洗劫一空。

可是，西方学者不相信"黑暗大陆"能够创造这样璀灿的文明，长期抱着"外来人创立"的观点。或猜石头城为公元前的腓尼基人越过撒哈拉沙漠南下建立的；或认为是印度商人、古埃及人建立的。甚至臆想石头城是《圣经》所讲的以色列国王居住过的地方，什么石头城与所罗门圣殿相似，云云。

如果石头城是外来人建立的，为何世界上任何史书都未提及？外来人能够建造一个石头城，那么，其他二百多个较小的石头城是谁建造的？

通过放射性碳定年法测定发掘物，通过一系列考古引证，完全否定了西方学者的偏见。石头城是地道的"土产"，是非洲人民的伟大创造。早在公元前 200 年左右，大津巴布韦的土地上已有很多的土著居民。公元 5 世纪，这个遗址有了第一个居民点，并逐渐扩大。11 世纪，马卡兰加王国定都于此，开始营建石头城。后来被莫诺莫塔帕王国取代，都城继续扩大，15 世纪进入鼎盛期。莫诺莫塔帕，意为"矿藏之王"。当时王国大量开采铁、铜、黄金，首都是冶炼业的中心。由于雄厚的经济实力，才能建造这样宏大的城市，并吸引阿拉伯人、印度人前来贸易。

石头城为何毁灭？较有说服力的一种解释是：15世纪末，莫诺莫塔帕王国的矿藏枯竭了，牧场过量的放牧，农田连作而肥力下降，生态恶化，工农业生产锐减，养活不了石头城那么多的居民。有一年大旱，野火烧毁了庄稼，生路断绝，人们不得不舍弃石头城向北迁移，它是完整无损的。但是，它禁不起几百年风霜雨露的剥蚀，特别是19世纪西方强盗的挖掘捣弄，古城化为废墟，仅能供后人研究和凭吊了。

卡尔唤起了人们对大津巴布韦的记忆，但也引起了一场持续多年的民族纠纷。直到1970年，罗得西亚的一位官方考古学家不得不认输，承认了这桩考古事实——大津巴布韦文明属于非洲！10年后，罗得西亚独立，一切权利归于占绝大多数的黑人。这个国家自豪地取名为津巴布韦，成为世界上第一个以考古遗址命名的国家。这名字是马绍那语"Jinmbabuwei"的英语形式，意思是"望族"。

今天，随着"大津巴布韦是否属于非洲文化"这一重大课题获得突破性解决，考古学家们希望：他们对该遗址的研究，将会向世人展现南部非洲那些鲜为人知但却十分灿烂辉煌的过去！

第三章　欧洲古文明

第一节　古希腊古罗马文明

亚历山大石棺之谜

韦尔吉纳是一座位于希腊北部的小镇，此处被人们视为古代艾加伊城的遗址。艾加伊城位于皮埃利亚山脉以北的山坡上，是古代马其顿王国的首都。整个遗迹有 300 多个坟墓，有些甚至建造于公元前 11 世纪。人们在遗址中的墓葬群中发现有马其顿王国皇室墓群，其中可能有亚历山大之父腓力二世和亚历山大四世的墓穴。这两座墓穴中都装饰着精美的壁画，被保留下来的巨大宫殿用马赛克和灰泥装饰。

考古学家证明，由公元前 3000 年左右的青铜器时代早期开始，艾加伊城就有常住居民，到了公元前 11～前 8 世纪的铁器时代，该城便逐渐繁荣昌盛起来，成为周边地区的中心城市，居民人口数也急剧增加。公元前 7～前 6 世纪是艾加伊城发展的鼎盛时期，包括马其顿国王都城在内的大量的传统建筑都是在这个时期建起的。

19 世纪初，几位法国考古学家对艾加伊城进行了第一次考古发掘，不久又进行了第二次发掘。二战以后，在 1930～1950 年间，由安德罗尼柯领导，对艾加伊城的墓葬进行了第三轮挖掘。与此同时，马其顿王国文化部考古部门也展开了对艾加伊城的研究开发。直到 1977 年，发掘工作有了很大的突破。发掘人员在研究马其顿历史卓有造诣的考古学家马诺里斯、安德罗尼科斯的率领下，终于使遗址中的马其顿王家墓地重见天日，这个重大发现也成为 20 世纪最伟大的考古发现之一。

打开陵墓之后，墓室的地板上有一批银制器皿，青铜盔甲立在墙边。在墓室后面朝门的地方，有一个盒状的大理石椁，里面是一座精美绝伦的金棺。金棺重 11 千克，顶盖上有一颗星，据说是典型的马其顿王族的标记。里边装殓着一具火化后的骨骸，它最初被包在紫色的布里，上面

艾加伊城出土的银制容器

放着一个一个用黄金制成的象征古希腊主神宙斯的橡叶和橡子环绕而成的金橡树花环。人们发现，在墓地的几百座墓穴中，虽然有些在古代就已被盗墓贼所洗劫，但里面还是保存了不少非常有价值的文物以及珍贵的壁画。

挖掘过程中，人们发现了一座拱顶墓。其入口上方装饰着一道彩绘中楣，长 5.56 米，表现的是狩猎的场面。经过仔细勘查发现，构成这座拱顶陵墓大门口的两块石板没有被人触动过。当清理干净陵墓顶部的时候，呈现在人们面前的，是个看上去像是用干泥砖砌成的祭坛。

随着挖掘工作的继续，人们又发现了位于陵墓前方的第二间墓室。这里也随葬着木制家具以及镀金的青铜盔甲和镀金的银弓箭匣。还有一具金棺，里边发现了金器和用来包裹火化遗骸的紫布。这具遗骸看上去像是一位妇女，其年龄在 25～29 岁。在如此大的古墓中发现这么丰富的遗存说明这很可能是马其顿王族成员的墓。在随葬主墓室的一顶头盔上有一条带状的金银头饰，它曾是希腊国王佩戴的饰品。墓内发现的壁画和器物风格表明，这座墓属于公元前 4 世纪中叶。

在遗址中还发掘出了王宫和剧院，据考证，这两座建筑建于公元前 4 世纪。宫殿是以一座用柱环绕的内院为中心来组织布局的，宫殿还建有圆形的神殿、豪华的宴会厅，其中的一所建筑中

还有马赛克铺成的地板。根据出土的陶器和其他物品的制作工艺判断，专家认为，这座坟墓是在公元前 340～前 310 年间封闭的。

这座陵墓应该是马其顿王族成员的墓穴。从墓中挖掘出来的文物豪华程度及年代来看，有人据此推测，它也很有可能就是亚历山大大帝之父腓力二世之墓。这种说法得到主墓室金棺上的王族星徽的支持。但这也仅仅是一种推测，而在墓中没有发现能够确凿证明此人就是腓力二世的碑文或其他文字记载。

那么，墓中的遗体到底是不是腓力二世呢？20 世纪 90 年代，一批法医专家根据古代文献对腓力二世的可靠记载，试图重新塑造出这位葬在墓内的死者的容貌。他们最后塑造出来的是个面貌凶狠的独眼龙，这个人被加上胡须，制成了一尊蜡像。这尊蜡像身高 1.67～1.72 米，其年龄在 35～45 岁。法医和考古学家们一致认为，这张重现的面孔，和从古代保留下来的腓力二世画像相比还是很近似的。

蜡像的重塑增大了墓中人是腓力二世的可能性，也大大激发了人们的好奇心。这个独眼龙到底是不是亚历山大的父亲呢？有人提出，如果能找到腓力二世的儿子——亚历山大大帝的墓，将尸骸挖出并进行 DNA 测试对比，不就解开疑惑了吗？

可是，这个方法，也很难做到。据史料记载，亚历山大远征印度回到巴比伦后不久就猝死。当时，他的遗骸就被埋在埃及的亚历山大城中。但在公元前 4 世纪左右，遗骨却突然失踪，变得下落不明了。这是为什么呢？亚历山大死后，他部下的将军们为了争夺继承权，在大马士革为了亚历山大的遗骨争斗不休。很多人认为，是他的将领托勒密最终获得了亚历山大的遗骨，并将其带回埃及。但也有人认为，托勒密带回的遗骨并非亚历山大本人。亚历山大的遗骸后来到底被埋在何处，千百年来，也一直是个谜。

遗址中的卫城和古城墙位于艾加伊城的西北方向，卫城建于城市居民区南边的一座陡峭的山上，古城墙则一直延伸到城市的东边。经过考古工作，古城墙的局部及周围的一些古希腊风格民居已被发掘出来。

2004 年 6 月 17 日，一条来自英国《独立报》的消息引起了考古学界的震惊——亚历山大遗骸在威尼斯。

这又是怎么回事呢？

原来，据英国《独立报》报道，英国一位名叫安德鲁·鲁格的考古学家声称，他经过仔细的研究，发现亚历山大大帝的遗骸就埋在位于威尼斯的圣·马可墓中。

鲁格指出：在威尼斯圣·马可墓中祭坛下所摆放的木乃伊并非是圣徒马可，而是亚历山大大帝。他说自己的观点是根据一系列历史文献而得出的。比如，从时间上看，亚历山大遗体消失的时间正好与圣·马可陵墓落成的时间相吻合，并且陵墓

今日威尼斯

的本身的结构正是马其顿王室所用徽章。他的文章被刊登在《今日历史》杂志上，他还在文中指出，应该掘出墓中的遗骸进行尸检。虽然这一提议遭到很多人的质疑，但也得到了个别人的认可。更有人称："这是一个填补历史空白的机会，如果我们将那具遗体发掘出来，然后进行 DNA 测试，我们将有可能揭开亚历山大为何英年早逝之谜，又有可能证明韦尔吉纳考古遗址中那墓中人的真实身份。"

这一切真能做到吗？让我们拭目以待。

克里特岛弥诺斯王宫之谜

希腊神话中有这样一个故事：在远古时代有一个叫弥诺斯的国王，他统治着克里特岛。他的儿子在雅典被人阴谋杀害了，为了替儿子复仇，弥诺斯向雅典宣战。在天神的帮助下，雅典被施以灾荒和瘟疫。为了避免更大的伤亡，雅典人被迫向弥诺斯王求

和。弥诺斯同意了，但条件是雅典人必须每隔九年进奉七对童男童女到克里特岛。原来，弥诺斯在岛上的迷宫里，养了一只人身牛头的怪兽，它是宇宙之王宙斯的儿子，生性凶狠残忍并以吃人为乐。七对童男童女就是供奉给他的，雅典人为了生存只能接受这个屈辱的条件。

这一年，又到了供奉童男童女的时候，雅典城内一片哀鸣呜咽之声，有童男童女的家庭都惶恐不安。雅典国王爱琴的儿子忒修斯看到人们这样的悲痛，他决定和选中的童男童女们一起到克里特岛去，杀死那头残害生灵的怪兽以解除人民的苦难。他的父亲爱琴为儿子的勇敢骄傲，可又担心他的安危。因为牛怪所栖身的迷宫道路曲折纵横，人一进去就会迷失方向，忒修斯很有可能会葬身其中。但忒修斯心意已决，老国王终究拗不过儿子，只好同意了。这天雅典民众就在哭泣的悲鸣声中，送别了忒修斯和七对童男童女。忒修斯和父亲约定，如果杀死了怪兽，他就在返航时把船上的黑帆换成白帆。

忒修斯带领着童男童女在克里特岛上岸了，他的英武俊朗吸引了弥诺斯国王的女儿阿里阿德涅公主的爱慕，公主向忒修斯表达了自己的心意，并决定帮助自己的爱人。她送给忒修斯一把无比锋利的魔剑和一个可以辨别方向的线球，来对付迷宫里的怪兽。忒修斯有了公主的相助之后信心倍增，他一进入迷宫就将线球的一端拴在迷宫的入口处，然

忒修斯战胜怪牛

后放开线团沿着曲折复杂的通道，向深处走去，很顺利地就找到了怪物。经过一场恶战，他终于用魔剑杀死了这头凶猛的怪牛。然后，他顺着线团走出了迷宫。忒修斯带着童男童女还有阿里阿德涅公主逃出了克里特岛，起航回国。

经过几天的航行，他们终于看到雅典了。忒修斯和他的伙伴

兴奋异常，但激动的忒修斯却忘了和父亲的约定，没有把黑帆改成白帆。一直忐忑不安地翘首等待儿子归来的爱琴国王在海边看到归来的船挂的仍是黑帆时，误以为儿子已被怪兽吃掉了，他悲痛欲绝，纵身跳入大海自杀了。为了纪念他，他跳入的那片海就叫做爱琴海。而对于克里特岛的迷宫，千百年来人们都认为这只是一个传说而已。

在 1900 年，英国考古学家阿瑟·伊文思率领考古队来到了地中海的克里特岛，他想找出传说中的迷宫。经过三年的艰苦发掘，他在克里特岛的克诺索斯发现了一座有 5 层、1000 多间房间的巨大王宫。全面的挖掘工作一直持续到 1931

阿里阿德涅像

年，这座湮灭的宫殿终于重见天日，伊文思确信这就是传说中的迷宫。

弥诺斯王宫遗址坐落在克诺索斯一座叫做凯夫拉山的缓坡上，占地 2 万多平方米，为多层平顶式建筑。从遗迹可以看出当时的宫殿一定相当宏大壮观，它被认为是弥诺斯灿烂文化的代表之作。弥诺斯王宫是一个庞大、复杂而有系统的建筑群，分为东宫、西宫两大部分，中间是一个占地 1400 平方米的长方形的庭院，把东、西宫连接为一个整体。在中央庭院南侧宫室内一幅题为《戴百合花的国王》的画最为著名，画面上国王头戴饰以百合花的孔雀羽王冠，在百花丛中悠然自得地散步，神态栩栩如生，这正是当年弥诺斯王的写照。王宫共有 1700 余间宫室，有国王宝殿、王后寝宫，有王族屋室以及祭祀室、贮藏库等各种宫室，各种宫室设计上不讲究对称平衡，每一间都由一条条长廊、门厅、通道、阶梯、复道和一扇扇重门连接在一起，显示了一种天然而成的美。

弥诺斯王宫有好几个入口，据说西翼是宫中的行政中心和举行仪式的地方。东翼建在山坡上，是日常起居的地方。在东侧的一端，房间与门廊构成王室寝室，在另一端则是木匠、陶工、石匠和珠宝匠的作坊。经过大阶梯，可达王室寝宫，寝宫四面都是上粗下细的圆柱，呈红、黄两色，是王宫建筑的特有风貌。这样的设计应是经过缜密细致的思考，因此显得十分科学，既照顾到夏天的通风，又确保了冬天的温暖。当热气从楼梯上升时，国王大厅的门可调节成清凉的气流，气流中还夹杂着芳草和柠檬的清香送入室内。冬天，室内有炉具取暖，极为温暖舒适。弥诺斯王宫多采用宽大的窗口和柱廊，还设置了许多天井来采光通风。

西方入口处有三个带围墙的坑，是举行宗教仪式用的。举行仪式时，用来祭牲的血和骨，与蜂蜜、酒、油和牛奶等祭品一起奉献给哺育众生的人地。王宫西翼最富丽堂皇的地方是觐见室，室内宽敞明亮，大约可容纳 16 人同时觐见国王，室内至今仍然保存着由狮身鹰首兽像守护的高背石膏御座。挖掘弥诺斯王宫的考古学家伊文思在觐见室外发现了一个巨大的斑岩石盆，他确信从前的弥诺斯人进入位于王宫最外处的觐见室前，要先在盆中进行洗礼。

弥诺斯王宫在王后大厅里有冷热水交替的浴池，先进的排水系统，配有木质坐垫的抽水马桶。墙上装饰着螺旋形花纹，在别的宫室和长廊上也都装饰着壁画。内容有舞蹈欢庆、列队行进、向神献礼祈祷、奔牛比赛等场景，还有一些绘有海豚等动物式样的图画及风景画。这些壁画由于采用的是从植物和矿物中提炼出来的颜料，尽管历经 3000 多年，在刚出土时还色泽鲜艳。这种涂画技术在公元前 2000 年前，是难能可贵的。

在迷宫中，还发现了 2000 多块泥版，上面刻着许多由线条构成的文字。在一些印章和器皿上也发现了同样的文字，后世学者称它为线形文字。到 1957 年，才有学者破译了这些线形文字的意思，原来它记载着王宫财物的账目，其中有国王向各地征收贡赋的情况，计算法是十进位。这些文字和古希腊使用的文字只有细微的不同，从中可以推算出克里特岛文化和希腊文化之间可能有着密切的联系。

经考证，弥诺斯人似乎是在公元前 7000 年左右从小亚细亚来到克里特岛的。弥诺斯文化是爱琴海周围地区最早出现的古文化之一，弥诺斯王宫金碧辉煌，显示出当时的弥诺斯人不但富有，而且相当强大。王宫没有明显的城防工事，这反映出他们的生活平静安全。在克诺索斯挖掘出的文物中，有一幅绘画描绘着运动员骑在公牛背上翻腾跳跃的情景，由此可见，当时弥诺斯人的生活应该是丰富多彩、形式多样的。

克诺索斯遗址

在许多石碑、青铜器和象牙制品上都发现有公牛的图案，对公牛的图腾崇拜可能就是那个神话的起源。弥诺斯人建造了一系列辉煌壮丽的宫殿，每当地震毁坏了一座王宫，弥诺斯人就会在原址重建一座。弥诺斯在经过上百年的繁荣昌盛之后，因邻近的桑托林岛发生毁灭性的火山爆发，克诺索斯被波及而变成了一片废墟。就这样，这座繁华富丽的古城湮灭在了历史的尘埃中。

奥林匹亚古城的宙斯神庙

传说宙斯是希腊众神之神，是奥林匹亚的主神，为了表示崇拜而兴建的宙斯神像是当时最大的室内雕像，宙斯神像所在的宙斯神殿则是奥林匹克运动会的发源地，这些遗址位于希腊西岸奥林匹亚的古城中。

拜占庭的菲罗记述宙斯神庙时说："我们以其他六大奇观为荣，而敬畏宙斯神像。"之所以有此感言，是因为宙斯神殿是古希腊的宗教中心，这里成为古希腊人尊崇、膜拜的地方。

神庙大殿位于希腊雅典卫城东南面，依里素斯河畔一处广阔平地的正中央，为古希腊众神之神宙斯掌管的地区。如今虽然满

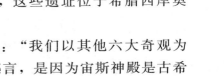

目是一片丘陵，可据说，在古希腊时期，这里环境幽雅，四周环绕着翠谷和清澈的溪水，不远处更有绿意浓浓的丛林，在林中的小径旁则是奇花异木。在古希腊时代，此地位于雅典城墙外，到了哈德连帝时代为了扩大雅典城规模，将城墙往外扩展，才把神殿纳入城内。

宙斯神殿建于公元前470年，于公元前456年完工，以多利斯式建筑为风格，由建筑师伊利斯人李班设计，宙斯神像则由雕刻家菲迪亚斯负责。表面铺上灰泥的石灰岩，殿顶则用大理石兴建而成，神殿共由34条高约17米的科林斯式石柱支撑着。殿前殿后的石像都是用派洛斯岛的大理石雕成。殿内西边人字形檐饰上的很多雕像，十足是雅典的风格。至于神殿的主角——宙斯，则采用了所谓"克里斯里凡亭"技术，是在木质支架外面加象牙雕成的肌肉和金制的衣饰。宝座也是木底包金，嵌着乌木、宝石和玻璃，历时八年之久才完成。有一个有趣的传说：在修建雕像的过程中，菲迪亚斯曾专程到奥林匹斯山，问宙斯对他的塑像是否满意。作为回答，天神降下了霹雳闪电，劈裂了神殿的走廊。

在旅行家沙尼亚斯巴的《希腊游记》一书中，曾对宙斯神像作了详细的描述，书中记载：

"宙斯神主体为木制，身体裸露在外的部分贴上象牙，衣服则覆以黄金。头顶戴着橄榄枝编织的皇冠，右手握着象牙及黄金制成的胜利女神像，左手则拿着一把镶有各种金属打造的权杖，杖顶停留着一只鹫。"

至于他的宝座，神像头上与头后，雕着"典雅三女神"和"季节三女神"（春、夏、冬）雕像；腿和脚饰有舞动中的胜利女神与人头狮身斯芬克斯，以及希腊其他诸神，底部宽6.55米、高1米，而神像约高13米，以至于宙斯像几乎要顶住神殿的顶部。

神像身后挂着由耶路撒冷神庙劫掠得来的神圣布幔。菲迪亚斯更精密地规划四周变化，包括由神庙大门射向雕像的光线，为了令神像的面容更为美丽光亮，于神像前建造一座极大而浅、里面镶了黑色大理石的橄榄油池，利用橄榄油将光线反射。矗立期间更有工人前来擦拭象牙，称为"菲迪亚斯抛光工人"。一名访客说："我可以告诉你雕像尺寸，但无法形容它的效果。"神像昂然地接受人们崇拜达 900 多年。直到公元 393 年，罗马皇帝狄奥多西一世，毅然颁发禁止竞技的敕令，古代奥林匹克竞技大会也就在这一年终止。接着，公元 426 年，罗马皇帝又颁发了异教神庙破坏令，于是宙斯神像就遭到破坏，菲迪斯亚的工作室亦被改为教堂；神庙内倾颓的石柱更在公元 522 年及 551 年的地震中震垮，石材被拆，改建成抵御蛮族侵略的堡垒。所幸的是，神像在这之前已被运往君士坦丁堡（现称伊斯坦堡），被大臣路易西收藏于宫殿内达 60 年之久。可终归是厄运难逃，公元 462 年的一场大火，将宙斯神像彻底焚毁。这个壮丽巨大的雕像的消失让人感到惋惜，当时的绘画和文献也完全没有说明它是如何消失的。今天，世人能够看到的就只有奥林匹亚城宙斯神殿的断壁残垣了。

虽然宙斯神像已消失于世上，但他却以另一方式至今犹存，伟大的宙斯脸孔变成了东正教的全能基督像。在伊斯坦堡科拉的圣方济各小教堂内，顶端宝座上坐着的就是化为基督的奥林匹亚宙斯神。这尊异教神祇到底如何转化为代表基督形象？考古学家分析，估计有几种原因：第一，奥林匹亚神像本身就是极其完美的奇观；第二，神像代表最高神性几乎已达千年之久。

古罗马圆形竞技场

古罗马竞技场是迄今遗留下来的古罗马建筑中最卓越的代表，坐落在埃斯奎利尼山坡上，其遗址位于意大利首都罗马市中心，它在威尼斯广场的南面。古罗马圆形竞技场也就是科洛塞穆竞技场，它以其独特的风格被称为"古代世界最为宏伟的高超建筑"，罗马人也以其作为帝国精神的象征，扬言"科洛塞穆永不倒"。那么这座竞技场到底是什么样子的呢？

古罗马圆形竞技场原名"费拉维奥露天剧场"，地基原来是暴君尼禄皇宫中的一座小湖。公元 72 年，维斯帕西安皇帝开始兴建竞技场，到公元 80 年由蒂托皇帝完成。这一工程用了 10 万立方米的石材和 300 吨的铁条，公元 3 世纪和 5 世纪被雷击和地震毁坏过。后来发生地震，加上雕像被偷盗，遭到很大破坏。1704

年，教皇贝内德托十四当政，宣布竞技场为圣地，由此这座竞技场受到保护。1749 年罗马教廷以早年有基督徒在此殉难为由才宣布其为圣地，并对其进行保护。约翰·保罗二世教皇生前每年都会在此举行仪式纪念这些殉难的烈士，但是却没有历史证据显示确曾有基督徒在此殉道。

从外观上看，它呈正圆形；俯瞰时，它是椭圆形的。它的占地面积约 2 万平方米，大直径为 188 米，小直径为 156 米，圆周长 527 米，围墙高 57 米，可以容纳近 9 万名观众。竞技场全部用砖石、水泥来修筑，底下两层用巨大的石柱和石墙，能够承受强大的压力。拱顶用水泥和砖，上面两层全用水泥，重量自下而上逐渐减轻，因此才会有"科洛塞穆永不倒"的说法。

竞技场外部的围墙共分四层，前三层均有柱式装饰，依次为多利亚柱式、爱奥尼柱式、科林斯柱式。值得注意的是，在这三层中，每两根半露圆柱之间有一长方形拱门，三层共计 80 个拱门，而每个拱门相连一个通道。第四层装饰比较简单，仅有长方形的窗户和长方形半露方柱构成，上方有遮阳棚，可以用来遮阳，更重要的是增加了整个建筑的外在美感。

古罗马竞技场

竞技场的内部呈阶梯状。第一层是为皇室、贵族和骑士阶层设立的座位；第二层是市民席；第三层为平民区；它上面还有一层是专门为妇女准备的座位；再往上，有一个可供观众随意观看表演的平台。看台前都有防护栏，同表演区隔开，以保护观众。

竞技场中央是一个椭圆形的角斗场，大约 86 米长，63 米宽。斗兽、竞技、赛马、歌舞、阅兵和演戏都在这里进行。奴隶们经常在此表演角斗，表演区地势比较低洼，比贵宾席还要低 5 米，因此又可以用来灌水表演舟船海战。更为奇特的是，在竞技场表演区下面还有地下室，大约 80 个房间，这些房间又具体分为乐队室、道具室、角斗士医务室，等等。

古罗马昔日的巍峨壮观，我们只能由今天的遗址去猜测、想象了。然而谁能通过这冷清的旧址来领略古罗马的壮丽辉煌呢？古罗马以自己的文明为代价赢得了古希腊城邦，古罗马还是不同于古希腊的。通过汲取古希腊先进文化，古罗马建造出了拥有本民族气质的文明。从建筑上说，有两个代表：大路和拱门。而由此展开的罗马风对西方建筑更是影响深远，尤其是教堂建筑。

建筑学专家认为，古罗马竞技场的设计体现了古典的人本主义精神，这种层层柱式分割建筑立面的做法，不仅外观很秀巧，而且让人在如此雄伟的建筑面前并没有感觉很渺小，而且让罗马公民感到了骄傲和自豪，让后人身临其境并倍感亲切！

艺术宝库雅典卫城

古希腊是人类文明的发源地之一，古希腊人创造了辉煌的文明，为后人留下了很多宝贵的财富。现在，考古工作者发现了很多的希腊古代遗址，在这些遗址中，最为有名的当属雅典卫城。雅典卫城，希腊语称之为"阿克罗波利斯"，意思为"高丘上的城邦"。雅典公民在希波战争的卫城废墟上建立了卫城，其外观和内部设计在当时都是首屈一指的。

雅典是古希腊的政治文化中心，卫城是供奉雅典庇护者雅典娜的地方。雅典卫城雄踞于市中心一座高 150 多米的四面陡峭的山丘上，东西长 280 米，南北最宽处 130 米，地势险峻。19 世纪

第三章 欧洲古文明

的考古学家们在这里发现了许多古代的遗址，它们包括道路、水井、墓穴和住宅等，这些遗址证明，此处早在公元前2800年便有人居住，1000年后的雅典王也是在这里建起了他的王宫，宫殿被一道牢固的围墙完全圈在里面，利用雅典卫城的陡峭山冈进行有效的防卫。

卫城的中心是雅典城的保护神雅典娜的铜像，主要建筑是膜拜雅典娜的帕特农神庙，建筑群布局自由，主次分明。帕特农神庙位于卫城最高点上，无论是身处其间或是从城下仰望，都可看到较完整的丰富的建筑艺术形象。神像造型庄重，其他建筑则处于陪衬地位。卫城南坡是平民的群众活动中心，有露天剧场和长廊。卫城在西方建筑史中被誉为建筑群体组合艺术中的一个极为成功的实例，特别是在巧妙地利用地形方面更为杰出。

公元前8～前6世纪，雅典作为希腊第一个城市国家出现，这里成了雅典奴隶主民主政治时期的宗教中心。公元前480～前479年，贵族出身的杰出的政治家和军事家伯里克利成为雅典国家的实际统治者，他委任当时希腊最有名的雕塑家费迪亚斯重新建筑雅典卫城的神庙，

帕特农神庙

鉴于雅典国家的政治机构早已被迁移到城市的低部，这里完全自然成为雅典人膜拜诸神，尤其是雅典城的守护女神——雅典娜的宗教圣地。

此外，城堡正面还保存着古剧场、集市中心和竞技场的遗址。城堡东南角建有规模宏大的博物馆，收藏着大量的石雕和其他古代艺术品。

卫城山门是雅典卫城的入口，建于公元前437～前431年，由尼西克利斯设计，是继帕特农神庙后的又一杰作。它的立面前

后均用 6 根多立克柱，中央一块最为宽大。山门以西内坡道两侧，各有 3 根秀拔的爱奥尼立柱，在它们顶托着的爱奥尼式梁枋上，绘着盾剑画。这两排装饰华丽的列柱烘托着山门，没有装饰的山门更显刚劲、庄重。大约公元 5 世纪，基督教进入雅典。15 世纪，东罗马帝国灭亡，雅典沦为土耳其的统治属地。土耳其人占领时期，曾将山门作为火药库使用，土耳其总督也曾在此居住，土耳其人在神庙上建造了清真寺。1640 年，山门因遭雷击而受到严重破坏。

1687 年，威尼斯人入侵雅典，神庙被炸毁。很多世纪过去了，雅典卫城的遗址却长眠于地下，静静地等待后人的呼唤。

2000 多年来的风雨冲刷，再加上无情的炮火与掠夺，雅典卫城的艺术建筑变成了一片废墟。但是后人没有放弃对卫城的挖掘和修复工作。19 世纪初，雅典卫城的发掘过程出现了有意义的转折。

1801 年，英国驻君士坦丁堡大使埃尔金来到雅典卫城，收购了帕特农神庙附近的两座民宅。工作人员在拆毁民宅时，在其中一座民宅里发现了很多破碎的雕像。埃尔金从土耳其政府那里得到复制石膏模型和实地探测与发掘的

帕特农神庙浮雕

许可证，雇佣了三四百名工人，在神庙周围的地下发掘。

他从周围的民宅中搜罗与收购，获得破碎雕刻 12 件，腰线浮雕 15 块，浮雕 56 块。按照现代英国人的说法，"合法地"将几乎所有能搬动和切走的文物扫荡一空，最多的时候有 400 多人同时为英国人拆卸神庙的雕塑和构件，而向英国运送这些文物的工作持续了整整 10 年。后来，埃尔金用金钱贿赂土耳其警方，将这些无价之宝以货物形式运回了英国。执行这事的英国大使埃尔金伯

爵因此名留历史，一方面从他的名字衍生出了一个名词"埃尔金主义"，专指那些洗劫别国文化遗产的人，另一方面大英博物馆以他的名字命名了一个展厅，展示他从希腊运回的文物。

埃尔金的行为引起了世人的关注，对他的评价也是毁誉参半。埃尔金在抢救这些艺术品时，竟将有用部分从整体中挖出，从而毁坏了历史遗迹的原貌。有人对此讥讽说："哥特人之所不为者，而苏格兰人为之。"

一些西方学者紧跟埃尔金的脚步来到雅典，对卫城建筑进行测量。但是，20世纪20年代的希腊独立战争又使考古工作中断。战争期间，卫城附近地区多次成为战场，残留下的古物再遭劫难。20世纪30年代起，发掘工作再度展开，法、英、德等国的考古学家相继来到这里，他们把埋没的一座座神庙、宏大的狄奥尼索斯广场、剧场、居住区、仓库、西北部的墓地等从地下发掘出来，并进行了复原。此项浩大的工程持续了一个多世纪，直到第二次世界大战之后，卫城的修复工作仍在继续。

第二节　其他欧洲国家古文明

英国神秘文明：巨石阵

在英国，有900多座圆形巨石阵，这些巨石阵分布在英国不同的地区。索尔兹伯里是一座历史古城，古城的附近有一个小村庄叫阿姆斯伯里，史前巨石阵就坐落在这里。1130年，英国的一位神父偶然发现了巨石阵，从此这座由巨大的石头构成的奇特古迹，开始引起了人们的注意。

但由于缺乏文字记载，自从巨石阵被发现以来，它是谁建造的？它是用来做什么的？又是如何建造的？这些问题一直没有确切的答案。人们已无法知道它们是用来做什么的，考古人员估计它们曾被使用多年，然后逐渐变成了废墟。研究人员认为这些巨石阵反映了一种宗教的驱使力，因为除宗教的力量以外，人们很难解释还有什么东西会使原始的不列颠人建造如此多的巨石阵。

2003 年，英国的考古学家在英国的索尔兹伯里史前巨石阵附近发现了一座古墓，经考证，墓的主人是公元前 2300 多年前的一位显赫人物阿彻，令考古学者感到惊讶的是，阿彻的墓地距离巨石阵只有几英里远。那么这座墓中的主人，是否生前和巨石阵有着某种联系呢？

巨石阵的主体由几十块巨大的石柱组成，这些石柱排成几个完整的同心圆，巨石阵的外围是直径约 90 米的环形土沟与土岗，内侧紧挨着的是 56 个圆形坑，由于这些坑是由英国考古学家约翰·奥布里发现的，因此又叫"奥布里坑"。巨石阵最不可思议的是石阵中心的巨石，这些巨石最高的有 8 米，平均重量近 30 吨，人们惊奇地发现，有不少重达 7 吨的巨石是横架在两根竖着的石柱上。

早在 17 世纪，英国古董学家奥波雷认为巨石阵是罗马统治时期，德鲁伊教的祭祀场所。相传德鲁伊教在英国索尔兹伯里平原上建造了巨石阵，建造巨石阵的目的是用来献祭太阳神。德鲁伊教是公元前 5～前 1 世纪，散居在不列颠、爱尔兰等地的凯尔特人信仰的一种宗教，据说德鲁伊教的形式和教义非常神秘，恺撒远征高卢时说，德鲁伊教士居住在树林中，用活人献祭。

20 世纪 50 年代，考古人员发现，大概公元前 2000 年铜器时代初期，人们对巨石阵的进口进行了改造，当时铺设了壕沟和两道 500 米长的人行道。被称作"斯泰申石碑"的石柱竖立在巨石阵的内边缘，可能由于计划改变，这项工程突然停止，于是石柱被搬走，木坑被填平。公元前 1000 年，人们运来了 100 多块巨大的沙砾岩，并且建成了有 30 多个石柱的外圈，在外圈里侧布置了马蹄形石牌坊，里侧布置了许多蓝砂岩石柱。研究人员发现，数千年前的人们已能将坚硬的蓝砂岩从山体中开凿下来。专家们从石块的开凿痕迹中判定，当时人们用的是一种木屑断口的方法，然后用坚硬的沙砾连续打磨石块，来完成巨石最后的修整工作。

1963 年，波士顿大学天文学教授霍金斯提出一个惊人的理论，他认为巨石阵其实是一部可以预测及计算太阳和月亮轨道的计算机。霍金斯的理论在世界考古界引起了巨大振动，然而几十年后，英国科学家的一次全新解释使人们对霍金斯的理论产生了动摇。1997年，英国科学家在一次实验中发现，巨石阵具有令人惊异的声学特性，在一些巨石中放入先进的录音器材进行实验，发现组成巨石阵的巨大扁平石块能非常精确地放射巨石阵内部的回声，并将其集中于巨石阵的中心形成共鸣效应，科学家们推测巨石阵很可能是古代祭祀的场所。

英国考古学者在20世纪80年代开始了大规模的考古挖掘，他们通过现代化的科学技术手段，证明史前巨石阵始建于公元前4000～前3000年前，巨石阵的周围是原始森林，一个叫做维塞克斯的原始部落生活在那里，考古人员推断史前巨石阵的最初建造者很有可能是生活在不列颠岛上的维塞克斯人。二十多年后的又一次考古发掘，使巨石阵的建造者有了新的身份。考古学家推测，几千年前的维塞克斯人和阿彻都有可能参加了巨石阵的建造，但从他们分别生活的时代可以看出巨石阵的建造经过了漫长的时期。

12世纪初期，英国流传着这样一个传说：公元5世纪，亚瑟王的宫廷巫师墨林用神力从爱尔兰运来了巨石阵，而建造巨石阵的目的，是墨林准备用一座永恒的纪念碑来纪念亚瑟王的部下。考古工作者并不相信是神力搬运来的巨石，他们根据搜集的资料认为，早在17世纪，史前巨石阵就引起了人们的兴趣。当时的国王吉姆斯一世曾委派一名宫廷建筑师去调查，结果是只有罗马人才能建造出如此精巧的建筑，巨石阵是一座罗马的庙宇。1863年，英国的一位宫廷医生认为，史前巨石阵和丹麦发现的巨石陵一模一样，而巨石阵主要的目的是给选民提供选举的集合地，另一个用途是国王的讲坛。

英国学者格登于1992年5月刊登在《伦敦图片新闻》的一篇文章认为，史前巨石阵具有双重功能，既是经贸市场，又是运动跑道。考古人员确实在巨石阵内挖掘出了金、银、铜器具，但这些物件的制造和使用时间是在巨石阵建成后约200年。而史前巨石阵曾经是运动场更是想象离奇，格登的理论很快被考古专家们所抛弃。

有专家提出，当时的人们可能利用到了冰川特殊的地貌，使这些石块运送到了巨石阵，但在索尔兹伯里平原没有任何冰川的痕迹。专家们经过考证认为，这些蓝砂岩确实是通过人力从南威尔士被搬运到现在的位置的。

1990年，几名专家进行了一次实验，他们试图用几千年前的工具和运输方法运送一块重达25吨重的巨石，不过他们只将巨石移动了100米。1998年夏天，英国考古学家朱利安经过几年的研究和考察，决定用最古老的建筑方法重新运送和竖立一块长8米、重40吨的巨石。朱利安和他的实验小组把滚木放在一段木轨上，并在轨上涂上了油脂。朱利安相信古人有能力设计出这种轨道。朱利安动用了130多名志愿者参与了这次实验，志愿者很快就慢慢移动了这块巨石。那么建造巨石阵又需要多少人力呢？朱利安根据这次实验推算出，当时建造巨石阵至少需要3000万小时的人工，所需的人数应在数千人以上。

古人在竖立一般石头之时，采用的是先挖坑再慢慢竖直的方法，巨石阵是不是也采用了这种方法呢？朱利安和他的实验小组仿照古人竖立巨石的方法进行实验。经过紧张的研究之后，他们确定采用一个A字形支架，因为A字形支架比门形支架更为稳固，为了慎重起见，朱利安先用一个模型来计算需要拉绳的人数，他最后算出如果用A字形支架，要将近80人才能来拉起这块40吨重的巨石。

考古专家认为，与竖立巨石相比，建造巨石阵最艰难的是举升横梁。巨石阵中每块直立的石柱顶部都有一个半圆形的凸榫，凸榫被装入横梁下凿出的榫眼里，每个横梁都有两个凿出的榫眼，当时的人们已掌握了精确的测量技术。朱利安实验小组的结论是，他们并不认为这个实验就是古人建造巨石阵的方式，他们只是尽可能地模仿和复原了那个遥远年代的技术。

巨石阵到底是如何建造的？人们还在继续推测和考证，自它建成之后的漫长年代里，巨石阵犹如一个强劲的磁铁，一直吸引着人们的目光。

2008年，英国考古学家杰弗里·温莱特和蒂莫西·达维尔认为，巨石阵无异于"新石器时代的卢尔德"。卢尔德是法国圣地，因被认为具有神奇的治疗功能而名噪一时。

墓葬用品散落在巨石阵及其岩石碎屑周围，代表一种避邪之物，表明巨石阵在古代的作用首先是一处朝圣地。同时，巨石阵一带发现了数量非比寻常的骨骼，上面均留有重病或重伤的迹象。对遗骸牙齿分析的结果表明，其中一半人来自于巨石阵以外地区。

考古学家根据这次发掘结果推测，人们来到此地的原因或许是认为这里的石头具有治病"神力"。达维尔猜测，人们当时怀着一种悲伤、绝望的心情来到巨石阵。生病或受伤的古人来到那里，冀望于"神石"能帮助他们康复。新的考古发现表明了巨石阵曾经是史前朝圣者的康复中心，验证了它在史前社会的重要性。

今天，巨石阵这个人类史前的非凡建筑，依旧屹立在索尔斯伯里平原上，向人们诉说着远古文明的精彩传奇。

法国卡纳克巨石阵

法国布列塔尼半岛的濒临大西洋的城镇卡纳克，是一个充满了神秘色彩的地方。在它的郊外有一片片整齐排列的石阵，在长达8千米的范围内到处是林立的巨石，这就是著名的卡纳克石阵，被英国考古学家海丁翰教授称为"比金字塔更神秘"的石柱群。

卡纳克石阵穿行于庄稼、树林和农舍之中，石头的竖立井然有序，似乎是精心营造的。

长期以来，卡纳克石阵一直默默无闻，直到18世纪20年代才引起人们关注。这片石阵，据说曾有1万根石柱，而如今仅存2471根。它被农田分为36片，以12根一排向东延伸。最高石柱露出地面部分达4.2米的莱芒尼石阵，地处城北1.5千米。从这里再向北，便是卡尔马里石阵，它比前者要小，与其相邻的凯尔斯堪石阵就更小些了，长约400米，远远一望，好像正在接受检阅的一队士兵。

根据科学家实地考证，巨石阵最早是建于新石器时代后期，约公元前2800年，那时已建成了巨石阵的雏形——圆沟、土岗、巨大的重石和"奥布里坑群"。约公元前2000年是巨石阵建筑的第二阶段，整个巨石阵基本形成。这个阶段的主要建筑是蓝砂岩石柱群和长长的通道。巨石阵的第三期建筑最为重要，约在公元前1500年，这时建成了沙石圈和拱门，巨石阵已全部完工，这就是我们现在看到雄伟壮丽的巨石阵遗址的全貌。

需要指出的是：整个巨石阵的工程需要150万人，而整个建筑过程中，始终没有使用轮载工具和牲畜的痕迹。巨石阵的建筑规模对早期人类来说简直不可思议。

它的建成比埃及最古老的金字塔还要早700年，然而到底是谁建造了这雄伟的巨石阵，现在仍然众说纷纭。有人认为是当地早期居民凯尔特人建造的墓穴，也有人认为是古罗马人为天神西拉建造的圣殿，还有人认为是丹麦人建造用来进行典礼的地方，然而这些虚无缥缈的想象都没有确凿的证据。

如今，一些从事UFO研究的学者则认为卡纳克巨石阵是外星人访问地球的飞船基地。

尽管聪明的现代人绞尽脑汁，还是难以了解远古的卡纳克巨石阵的奥秘。正如对巨石阵进行过长期考察的英国考古学家欧文·霍丁霍姆所说，它像金字塔一样，为人类留下了永恒的不解之谜。

马耳他文明之谜

提到马耳他，人们首先会想到"阳光、大海、蓝天、沙滩"这些美丽的自然风光，多年来，这里一直是世界各地的游客向往的旅游胜地。马耳他是世界上几个最小的国家之一，位于地中海中部，有"地中海心脏"之称。全境由5个岛屿组成，其中马耳他岛面积最大，海岸线长180千米。马耳他境内没有大的山脉、河流，也没有永久性的湖泊。历史上的马耳他可谓多灾多难，战争不断。由于其地理位置处于地中海的中心，扼地中海通往大西洋和印度洋的海上交通要塞，自古以来就成为兵家必争之地。2000多年以来，这里曾相继被腓尼基人、罗马人、阿拉伯人、诺曼人、西班牙人、圣约翰骑士、法国人、英国人占领统治过。直到1964年，马耳他才终于脱离了英联邦而宣告独立。各族统治者们先后在马耳他岛上建造起富于他们各自民族风格的寺庙、教堂、城堡和宫殿等。这些古老的建筑，有的已成为残垣断壁，有的埋没于荒草蔓野之中。而"马耳他"这个名字也是由古代腓尼基人所取的"马莱特"演变而来的，意思就是"避风的港湾"。

根据考古研究表明，早在公元前 4000 年左右的新石器时代，马耳他群岛就已经有人类居住。在公元前 3500～前 1500 年间，这些岛上的居民建造了 30 多处巨石神庙和地下墓穴。

马耳他的新石器时代和圣约翰骑士时代最为人所瞩目，这两个不同的时代造就了马耳他的三处世界遗产。最为神秘的当属有"史前圣地"之称的哈尔·萨夫列尼地下宫殿。它位于马耳他岛上距首都瓦莱塔城南 1 千米的帕奥拉市中心附近。这座地下宫殿约建于公元前 3200～前 2900 年间，为新石器时代的古人类在地下 12 米深处的岩石中挖凿而成。

1902 年，在瓦莱塔城南不远处，有条过去从未引人注意的小路。因为一次偶然事件的发生，此地一下子成了举世瞩目的焦点。原来，当地有户居民在挖地基准备盖房时，无意中在地下发现了一处暗藏的巨大洞穴。

考古人员立即赶来，他们通过勘察这个洞穴时发现，这是人工在石灰岩中凿出来的一座地下迷宫。整座地下建筑共 3 层，最深处离地面 12 米。里面由许多上下交错、多层重叠的房间组成。经历了几个世纪后，整个遗址形成了一个有着 3 层 33 个房间的地下结构，成为名副其实的地下宫殿。里边有一些进出洞口和小房间，旁边还有一些大小不等的壁龛。中央大厅耸立着直接由巨大的石料凿成的大圆柱和小支柱支撑着的半圆形屋顶，天衣无缝的石板上耸立着巨大的独石柱，整个建筑没有发现用石头镶嵌补漏的地方。

哈尔·萨夫列尼地下宫殿的墓室均是在坚固的岩石中开凿出来的，其中有 20 间墓室的顶部雕出了房梁、门楣，有的壁画上画有牛的图案。地下陵墓中央的礼拜室，是没有任何修饰的正方形房间，在礼拜室中的一个小的赤土陶器中，人们发现了一个 10 厘米高的女神雕像。在这座地下宫殿里，岩洞的作用各有不同，有储粮、储水、殉葬、神谕室等。

这座地下迷宫建于距今 5000 年前，即遥远的新石器时代。面对着规模如此恢弘的地下宫殿，人们总会产生这样的疑问：在遥远的、生产力低下的石器时代，马耳他岛上的居民为什么要花费如此巨大的精力来建造这座地下建筑？建造它的用途又是什么呢？

这座地下建筑被最初发现时，施工人员发现了大约 7000 具遗骸。当时有人据此判定，它可能是被用做死者的安葬墓地。但随着发掘工作的进行，掘出的地下宫殿规模也越来越大。不少人开始对安葬之地的说法产生了怀疑。他们感到，建造这样巨大的一座宫殿来做"墓地"，这是无论如何也令人难以置信的。于是就有了新的解释：这幢地下建筑，也许原本要建成一个神殿，但是从史前时期开始，却一直被当做墓地使用。这种解释也不能令人信服，它到底是做什么用的，至今也没有一个准确的说法。

更令人不解的是，经过多年的研究，人们发现这座庞大的迷宫并非用石块砌成，而是在一个石灰石质的山上将一整块巨石掏空而凿成的，整个工程大概用了几百年时间之久。

在 5000 年前的新石器时代，人们所用的工具只是石刀、石斧等简单的石器，那么他们是怎样开凿出这么巨大的地下宫殿的呢？

考古学家们虽然研究了很久，但始终不得要领。直到现在，这些问题始终没有找到答案。

此外，马耳他岛上还有无数的远古文明的谜案难以破解，其中最著名的就是巨石神庙。

马耳他巨石神庙也被人们称为"马耳他巨石文化时代的神殿"，在马耳他群岛的岛屿上，至今仍有 30 多处雄伟宏大的巨石建筑遗迹。

可以毫不夸张地说，它们是地球上从遥远的石器时代遗留下来的最为复杂、最有魅力的遗迹。

在这些巨石建筑中，最引人注意的是戈佐岛上的吉干提亚神庙。这座神庙经考证建于公元前 2500 年前，当地人称之为"戈甘蒂扎"，意思是"巨人的杰作"。它面向东南背朝西北，是用硬质的珊瑚石灰岩巨石建成的。神庙正面高达 8 米以上，用紧密衔接的石灰石板拼成，被称为世界建筑史上最早运用拼接技巧建成的杰作。神殿最早只有南庙后部的 3 个穹顶，后来又增建了两个小穹顶。神殿外墙最后部分所用的石材竟然高达 6 米！

坐落在马耳他岛屿上的哈加琴姆神庙也是用巨石建成，考古人员发现，这里很多石头的位置都是精心安排的，似乎有着令人难以理解的宗教意义。一块长达 660 米的大石板，是马耳他群岛所有的神庙中的超巨型石块。这座巨石神庙中通往神殿门洞内的两侧，有一些用巨大的石块做成的"石桌"，这些"石桌"到底是祭台还是柱基，至今仍无定论。在这座神庙中，考古学家还发现了多尊母神的小石像，有人据此估计这座神庙与当时的母神崇拜有关。

穆那德利亚神庙保存得相当完整，呈现出马耳他巨石建筑的特征。庙宇大约建于 4500 年前，又被称为"太阳神庙"。有人仔细测量这座神庙后提出，这座庙宇可以说是一座远古时代的"太阳钟"。根据太阳光线投射在神庙内的祭坛和石柱上的位置，可以准确地显示夏至、冬至等一年中的主要节令。直到现在，这些神奇的功能依然存在。有人怀疑，4500 年前神庙的建造者们怎么能有那么高深的天文学和历法知识？

马耳他神庙中规模最大也最著名的要属塔尔申神庙。

很久以来，岛上塔尔申村附近的农民在犁地时就常遇到犁被地下的大石块碰坏的情况。但朴实的农民们并未想到刨根问底，直到 1913 年，当地有个人才将此事报告了岛上的有关部门。考古学家经过挖掘发现，这里竟然是欧洲最大的石器时代庙宇的遗迹之一。

由于年代久远，神庙只有较低的外围墙和地基还基本保持完整。考证认为，这座庙宇约建造于 5000 年前。神庙遗迹占地达 8 万平方米，已挖掘出来的有几间厅房，包括一座庙宇的两个大厅，另一座大殿的一个大厅以及第三个大殿的进口。考古学专家认为，塔尔申神庙的顶盖似乎是用横梁加树枝再覆以黏土或者石灰石造成的，神庙厚厚的外墙嵌有石灰石板。石墙上的石头与石头之间没有灰浆粘合，墙顶上砌有石砖及其楣石。神庙的正门通往第一个大殿的正厅内有一尊大石像，据考古研究，可能是被称为"送子娘娘"的主神。石像右边有个祭坛，祭台上边有螺纹雕刻，这可能代表娘娘的慧眼。在石像右边的祭坛上，还遗有动物的骸骨和一把燧石刀，附近还有个石盆可能用来盛放献祭时的用具。塔尔申神庙有两个阔大的门洞通往弧形的凹室，其中一个凹室有另一条通道连接第一个庙殿与第二个庙殿的主厅。两个大石盆可能是用来焚香或者盛放献祭的牲畜。献祭用的祭坛位于通道的两侧，通道旁有道石头台阶，石头台阶顶端有一个形状十分奇特的平台，这个平台到底是做什么用的呢？人们至今对其百思不得其解。

考古学家认为，马耳他巨石神庙建造的年代约在公元前3500～前1500年，也就是距今3500～5500年前。但人们至今在马耳他没有发现任何建造这些神庙使用的工具，马耳他巨石神庙都使考古学家们感到惊异和难以理解。当时的人们如何精确地规划和设计这些巨大的建筑？巨石神庙到底是什么人建造的呢？远古时代的人们为什么要投入巨大的人力物力建造如此巨大的建筑？它的目的和用途又是什么呢？几百年过去了，神庙遗迹和资料又发现了不少，但这些关于神庙的根本问题却始终在困扰着人们。

史前大陆大西洲的失落

大约2400多年前，古希腊的著名学者、哲学家柏拉图，曾经为人们设置了一个历史疑案。他在其著名的两篇对话著作《克里齐》和《齐麦里》中，详细记述了大西洲的故事。著作中，柏拉图描绘了一个曾经产生过历史奇迹的神秘大陆"大西洲"，那里的居民曾用自己非凡的智慧，创造了高度的物质文明与精神文明。

据说这块大陆靠近直布罗陀海峡，面积比亚洲和利比亚合起来还大。这里曾有一个经济文化相当发达的国家——阿特兰蒂斯王国。岛上气候温和，森林茂密，资源丰富，人民生活在和平安乐的国度里，整个社会呈现出欣欣向荣的景象。王国由许多小国组成，首都坐落在岛的中央，交通四通八达，商业活动兴盛，建筑物布局宏伟壮丽。市中心的海神庙宇，以金、银、象牙为饰，金碧辉煌。

柏拉图在公元前 350 年的两篇对话录中写道，传说 12000 多年以前，有一座阿特兰蒂斯岛——也就是大西洲，建立在岛上的阿特兰蒂斯王国曾征服过埃及与北非地区；在与希腊人作战后，阿特兰蒂斯人退回到自己的国土。后来由于火山、地震的突然爆发，仅一日一夜的工夫，这块繁华的陆地便沉入了海底。

而据说，柏拉图记述的有关传说，是从他的表弟柯里西亚斯那里听来的，而柯里西亚斯又是从其曾祖父卓彼得斯那里听来的，而卓彼得斯又是从当时雅典著名政治改革家和诗人梭伦（约公元前 638～前 559）的口里听来的。梭伦任职斯满后，曾用了 10 年时间漫游于埃及、塞浦路斯、小亚细亚等地。回国后，他想把他在埃及听到的有关大西洲的传说写成一篇长卷的叙事诗留给后人。但是，他还没来得及完成这一写作计划便与世长辞了。到了柏拉图的时代，关于大西洲的故事已广为流传了。

据说，柏拉图为了证明其真实性，曾亲自到埃及去做过调查访问。他请教了一些有名望的僧侣、祭司，但是也只是听听传闻而已，并没有找到他所需要的有分量的材料。

尽管柏拉图只是把当时民间的传闻记载下来，也谈不上有什么历史依据，然而千百年来西方人却一直为此争论不休，对其表现出浓厚的兴趣。有人试图找到这块神秘大陆的所在，然而时至今日人们仍未发现"大西洲"的踪影。

大西洲的故事，是否纯属捏造？如果不是捏造，它又失落何方？迄今为止，阿特兰蒂斯沉没之谜的书籍不断出版，人们都发表着自己的看法和研究，但是都无法提出确切的证据。

早在中世纪时，就有一些探险家费尽心机，企图找到这座传说中描绘的"人间天堂"。在西方寻找新大陆的热潮中，有人把大西洲画在地图上，但这只是一种虚构，谁也不能断定哪里是确切的方位。直到现在，这块传说中失踪的大陆，或许还沉没于海底，无法露出自己的本来面目。

有人认为大西洲沉没在大西洋中，而柏拉图在记载中说它沉没在赫拉克勒斯之柱外沿的西海中。他说的西海，就是今地中海通向大西洋的出海口直布罗陀海峡，或许可能就是指的大西洋。

1882年，美国学者唐纳利运用考古、语言、人种、地质、植物等学科知识，作了综合的研究，提出了一个激动人心的假说。他认为，在哥伦布发现美洲以前，美洲与埃及文化之间存在着许多不可思议的共同之处，说明了新旧大陆并非完全隔绝而有可能紧密相连。它们中间一定存在一个大洲，它就是"大西洲"。1950年，美国的堂莱立在他的《阿特兰蒂斯大洪峰之前的地球》一书中，详细地论述了这一观点，认为大西洲就是沉没在大西洋中间。

　　另外，古代欧洲、非洲和美洲民间，都有关于大西洲沉没的神话传说。古巴比伦人和埃及人以及非洲的一些部落都传说大西洲是他们西边的大陆，而北美的印第安人则认为大西洲在他们的东方。这些间接材料，自然是有力的佐证。

　　但是也有人认为大西洲是沉没在巴哈马近海。1958年，美国范伦坦博士在考察了巴哈马附近海域的河床后，发现那里有许多各种形状的几何图形结构，还有长达数里的令人费解的线条。在这之后，有几位潜水员在比米尼岛附近的海域发现了一条海底石头路，还有长达数千米的城墙，以及几个码头与一座栈桥。很多人以为，这一沉陆之谜似乎马上就要解开了，然而海洋学者却认为这只是一片高地，是由于海洋水位上升而形成的。

　　还有一种观点认为大西洲沉没在地中海里。俄国学者诺罗夫院士（1795～1869）在他撰写的《关于阿特兰蒂斯的研究》一文中，推测这一古代沉陆坐落在地中海东部，塞浦路斯岛则是该大陆沉没后的残留部分。但有人在赞同他的观点的同时，对他确定的方位也提出了一些修正，如著名学者卡尔纳日齐基在他撰写的《阿特兰蒂斯》一文中不同意诺罗夫院士把博斯普鲁斯当做"赫拉克勒斯之柱"。

　　有些专家认为大西洋是沉没在黑海海底，前苏联考古学家热洛夫力主此说。他将流传于古希腊和黑海边沿的有关神话和传说中提到的地名与人名同这一地区的地名与人名加以对照和比较，发现有一些惊人的相同之处。1956年专家们又在黑海发现了海底城市。据此，热洛夫推断，大西洲可能就是在高加索地区沉入黑海海底的。

除此之外，又有学者认为大西洲应是沉入神秘的百慕大三角海底。1979年，美国、法国的一些科学家经过先进仪器探测，发现了百慕大三角海底存在金字塔，而且比埃及的金字塔还大得多。塔下部有两个巨大的洞穴，海水以惊人的速度从洞中穿过，从而卷起狂澜，形成巨大的漩流，造成这一带海域浪潮汹涌，海面雾气腾腾。1958年，两位挪威水手曾在这一海域发现了一座古城。就他们拍摄的照片看，有平原、大道、街巷、圆顶建筑物、角斗场、寺院。他俩宣称，"我们发现的是大西洲，和柏拉图的描绘一模一样"。然而，他们没有获得可作论据的任何历史文物。

关于大西洲失落何处这一历史疑案，尽管千百年来探索者众说纷纭，然而认为"大西洲沉没于地中海东部的克里特岛及其海域"的科学家居多。这里曾是欧洲古代文明的摇篮，但经历了长期的繁荣后，遭到了像传说中的"大西洲"式的厄运，毁灭于一场不可抗拒的突如其来的火山、地震的爆发，不过，这些观点和论据也不是经得起推敲的。

长期以来，人们不懈地努力探索，把眼光从大西洋海域移向太平洋海域，也从海域移向邻近水系的广阔陆地，墨西哥、北欧。北非和澳大利亚乃至中国和印度都成了人们对大西洲的"怀疑对象"。然而，这种种假设仍被人们考察的结果无情地否定了。

也还有一些人对阿特兰蒂斯的存在持怀疑甚至否定态度，他们认为所谓"阿特兰蒂斯王国"，只不过是古人根据古老的某种传说加工或编造出来的一个动人的神话，纯属子虚乌有、不可置信。如果真是这样，那自古至今，学者们的精心探究就没有任何意义了。不过，争议既然引起，就有休止的一天，人们期待着这一天的到来。

地下"死城"赫库兰尼姆

赫库兰尼姆曾经是位于意大利那不勒斯的一座美丽的城市，位于维苏威火山西麓，临那不勒斯湾，西北距那不勒斯10千米。

但是它却在1000多年前突然神秘地消失了。直到1709年，那不勒斯海湾的科学家们正在那里指挥着一群工人开掘一口深井，就在人们挖到地下 20 米深处时，突然意外地发现了一个古代的剧院舞台。在这之后，人们根据已发现的线索继续开掘了一段时间，结果，在一片黑色岩浆下面，人们发现了一座不知名字的古城遗址。经过考证，这个遗址就是当年辉煌一时的赫库兰尼姆城。

人们看着这座不知什么时候被埋葬的"死城"，感到处处令人惊奇。从发掘的现场来看，市内的大部分建筑物，比如石街、竞技场、广场等，都大体上保存完好。市区的一些住室及室内的一些物品，也都基本上保存了下来。许多住室的门窗依然可以随意开关；有的室内摆放着的青铜汲水机仍旧可以运转自如；有些人家卧室的梳妆台，还摆着化妆品，首饰盒里装着戒指、手镯和胸针，橱柜里放着杯盘碗碟。在一间像是客店的墙上，潦草地写着卖酒的次数和日期；在一家作坊里，工匠们没有雕琢完的一块美玉还放在工作台上，烤面包的炉子还放着 80 只面包；有一间屋子看上去好像主人刚离开似的，屋子里的家当摆得有条不紊，一条鸡大腿还放在床边的盘子里。走遍这座重见天日的"死城"，最令人吃惊的是，人们在整个遗址上，很少能看到有人和动物的尸骨。即便到后来的发掘过程中，人们也仅仅在市中心的一块大型拱石下面发现了 9 具尸骨。

这座"死城"是什么时候被埋葬到地下的？它是怎样葬身在一大片黑色岩浆下面的？为什么全城历经沧桑都基本上完好无损，却独独很少见到人和动物的尸骨？这些问题牵动着世界上许多科学家的心。不少科学家在刚听到来自那不勒斯海湾的惊人消息后，就迫不及待地投入到了研究考证中，他们都竭力想搞清上述这些问题，从而彻底揭开"死城"的真相。经过一番勘测和考证，科学家们很快就考证出"死城"葬身地底的时间是公元 79 年。然而，当时令科学家们遗憾的是，他们无法彻底揭开"死城"的全部秘密，找到"死城"罕见人和动物尸骨的真正原因。

很多年后，考古学家哈罗得·西格森在实地考察和大量分析的基础上，对"死城"赫库兰尼姆罕见的人和动物尸骨的现象，第一次作出了大胆的推断。哈罗得·西格森断言赫库兰尼姆的罕见现象和维苏威火山的大规模爆发相关。他分析认为由于维苏威火山的爆发，位于维苏威火山西部 4 千米处的赫库兰尼姆，受到了严重的威胁。早在火山爆发前，城中的动物就已逃之夭夭，而城中的居民直到火山爆发，眼看着灾难就要临头之际，这才惊恐万状地甩下正在做的一切事情，仓皇逃命。当时，赫库兰尼姆的居民大部分逃向海边，打算沿海滨出走或乘船逃离险境，只有少数居民怀着侥幸的心理留在城中，其中有几个人躲到了市内的一块大型的拱状石头下面，他们认为拱石能够保佑他们平安。维苏威火山爆发的岩浆，以 100 千米/时的整流涌向赫库兰尼姆城，岩浆温度高达 399℃。当天午夜刚过，岩浆冲进市内，肆无忌惮地焚毁房屋，推倒建筑，吞噬人身。市内的那块大型拱状石并没有能抵住灾难的袭击，岩浆将它无情地冲塌，躲在它下面的一些人因此当场被压死。经过 19 个小时以后，当维苏威火山终于安静下来时，赫库兰尼姆城已被深深地埋在一大片变黑了的岩浆下面。就这样，这场浩劫使得赫库兰尼姆城原来的居民，几乎全部都遭到了灭顶之灾。其中，未逃出城者，大部分都被滚烫的岩浆焚为灰烬，只有那几个被压死在拱形石块下的居民尸骨，由于得到拱形石块的遮挡而得以残存下来。那些逃到海滨还未及时离开的居民，也大部分被焚成灰烬，他们可能有极少数人被活埋在海滨的隐蔽地方。正因为如此，所以在 1000 多年后，人们发现"死城"赫库兰尼姆时，就只能在市内的一块大型拱石下发现人的尸骨，而在市内其他地方就罕见居民的遗骸了。

为了证实哈罗得·西格森的推断到底是否正确，考古学家萨拉·比西尔和戈塞皮·玛吉等，经过选择，几乎同时在离赫库兰尼姆不远的海滩上开始了各自的考古挖掘工程，他们相信如果在这里能够找到人和动物的尸骨，并且在几个拱形石块下能发现若干具人的骸骨和几匹马的尸骨，就可以证实哈罗得·西格森的推断是对的。1980 年，萨拉·比西尔首战告捷。当时，他的指挥工人在海滩上安装水泵时，一下子就在古海滩上发现了两具人的骸骨，一具是位矮胖的男性，一具是位女性。紧接着，1982 年，萨拉·比西尔在清理地下海滩时，又出乎意料地发现了 13 具人的骸骨，其中的一具骸骨表明死者生前还佩戴着军用剑和鞘。就在同一年，戈塞皮·玛吉也取得了重大的收获，他带领工人用挖掘机挖掘深埋在海堤下面的一些巨大的石块时，相继在几个拱形石块下发现了 60 多具人的骸骨和几匹马的尸骨，其中有大人的尸骨，也有小孩的尸骨，他们有的挤着一团，似乎在临死前在极力抗拒着灾难的威胁，有的横七竖八地躺着、坐着……

历史的悲剧，还会重演吗？人们在思索着，担忧着……

比萨古船之谜

长久以来，意大利的比萨城以其斜塔闻名于世，而这座小城的"比萨古船"发掘更使其名声大噪。1998 年 2 月，比萨斜塔以南挖掘出许多大坑，这次发掘是由女考古学家伊林娜·罗西负责，虽然这一带经常出土文物，但她并不知道自己脚下埋藏着什么秘密。

伊林娜·罗西说："当时没有人知道这个地方有多么重要，我那时对即将到来的发现也浑然不知。"后来，泥土中的一块木头引起了她的注意，伊林娜挖掘了两天，竟然挖出一艘近 2000 年前的古罗马船只。这艘船在耶稣升天后不久下水进行了首航，由于木船保存完好，古代造船工人留下的工具整修痕迹仍清晰可见。

就在几米开外，伊林娜与她的同事发现了另一艘古船遗迹。它的货物还原封未动，船员的鞋子就在附近出土。令人惊讶的是，随后却发现更多的古船遗迹。伊林娜·罗西说："几天后，我们又看到了第三艘船、第四艘船，这种发现一天天多了起来。"三号古船的缆绳与索具仍奇迹般地保留在原处。四号古船有 18 米长，已经倾覆。后来几乎每天都能挖出一艘"新的"古船，到最后总数竟然有 17 艘之多。这是数量最大的一次古船遗迹出土，但这些古船及其来源还是个谜。

这些船只一朝得见天日，人们马上就提出了疑问，古船为什么会出现在这里？为什么有这么多的船只在相同地点沉没？是否有大灾难袭击这些船只？

在古罗马帝国，位于罗马城以北 320 千米处的比萨曾经是罗马帝国海军的港口。2000 多年前，帝国的战舰曾经从这里出发进

第三章 欧洲古文明

攻高卢和西班牙。也是从这个地方，帝国接受来自地中海沿岸各地的商品。从古罗马时代以来，意大利的海岸线就一直在改变。现在，海岸线距比萨已有 11 千米。

经过几个星期的挖掘，考古学家把注意力放在一艘船上。这艘船建造的年代约为公元前 1 世纪，大约是恺撒时期，古船的船头上有用来攻击其他船只的撞角。经过分析，考古学家发现这艘船以厚实的木板制成，船体通过榫与榫头的接合几乎可以完全防止水的浸湿。船头装有致命的撞角，能够快速而凶猛地攻击敌船。船身长 9 米，侧舷有 12 个水手的座位，船上还有一面纵帆。虽然它是在 2000 年前建造，但船身雕刻的细微之处仍然可以辨识出它应该是一艘罗马帝国海军的战舰。

伊林娜·罗西说："船木保存得很完整，所有的绳索也都找到了。也许找不到风帆，但我们仍抱着希望，现在出土的一个船上的绳结是 2000 年前系的，与今日的'水手结'相同。"考古学家甚至还能判断船只的颜色，而且他们真的找到了古罗马人最喜爱的红色颜料。另外一种暗色颜料经红外线光谱仪分析表明其实是白色的油漆，白漆经历 2000 年的岁月因氧化而变黑。

在比萨古城下，这个长达 2000 年的故事还有待探索。因为在 17 艘各类船只中，有一艘是货船。货船上有一个水手的遗骸，身旁是他忠实的狗。古罗马人称水手为"死亡的伴侣"，考古学家发现水手只携带了很少的随身物品，在一个餐盘上还刻着主人的名字。除了水手的物品外，这艘船至少还携带了 300 只双耳陶瓶，那是古代罗马人的储藏罐。借此，人们可以了解古罗马帝国进口贸易。

考古学家分析了容器内的货物，但是古代的一些文字材料已经无法辨识。他们转而使用 X 光进行分析，陶罐中装有酒类、樱桃干和葡萄。但最令人惊奇的是一个装有沙粒的罐子，里面的沙粒都是经过人工挑选的。这些沙子来自南方，来自 800 千米以外的坎帕尼亚。伊林娜·罗西说："我们不断地问自己，为什么比萨要从坎帕尼亚进口沙子，也许就像某些人所说的，这是建筑竞技场所需的优质沙粒。"有的考古学家相信这些沙子准备运往竞技场，用来吸干那些为生命而战的角斗士的鲜血。

在 6 个月的挖掘中，大量的古物又被发现。其中有精致的陶器，上面还绘有神话人物的图形。这真是一把开启历史之门的钥匙。这些迦太基女神的半身塑像表明古罗马人与其最憎恨的敌国有商业上的往来。

考古学家又发现一艘货船，里面有用动物骨头制成的"诺亚方舟"。他们找来古动物学家克劳迪奥·塞伦帝诺进行研究。克劳迪奥·塞伦帝诺从骨头上的痕迹判断出它曾经被煮食过——也许是作为水手的午餐。还有一项稀有的发现，这艘船上有 400 只猪前腿，确切来说，是 400 头猪的右前腿。很明显地，猪因为向左侧躺着睡觉而使其右边的肉肥嫩味美。这些猪腿很可能来自西班牙，在那里猪右腿被制成盐渍或熏制的火腿。这也解释了为什么古船上只有猪的右前腿而没有左腿。

最奇特的发现莫过于一颗狮子的牙齿。这只狮子大概来自非洲，要被送往竞技场去参加斗狮子比赛。考古学家相信狮子身体的其他部位还应该埋在地下。

当然，在挖掘过程中，考古学家遇到了极大的难题，在厚实的泥土和水的保护下，船只在近 2000 年里一直免受微生物的侵害。为了发掘古船，考古学家不得不把覆盖在船上的泥土全部搬走。但是木头在接触空气后马上收缩，微生物开始生长。考古学家们眼巴巴地看着木头在腐烂。因此，他们采取了紧急措施——往木头上洒水，来避免木头变干燥。

考古学家根据船身的一小片木头发现了问题所在，在电子显微镜下观察这片木头，根本看不到通常所能看到的网状细胞，时间已经把这些细胞结构完全摧毁了，唯一使木头保持原状的方法，就是水分。为了拯救古船，考古学家不得不把所有船只都用玻璃纤维罩罩住，然后在纤维罩中注入有保护作用的水分。

每一个新发现都改变着人们对比萨的印象——那里应该是罗马帝国的大港口，历史学家早从史籍中知道比萨有一个古老的大港口。正当考古学家挖掘这一遗址时，在距大海 11 千米的地下又发现古老港口的防波堤和码头。2000 年前，水手们从这里卸下进

第三章　欧洲古文明

137

口的火腿和美酒，还有要运往竞技场的沙子和石子。

到底是什么力量使这么多的船只沉没？什么力量掩埋了港口？考古学家测定出船只的年代后，认为这些船只并非出现于同一时代，它们前后大概跨越了 800 年的时间，人们猜测这些古船也许是被一连串的灾难所摧毁。

科学家在这里进行地质测量时，他们发现了相当厚实的沉淀物。这种地层通常是由快速而猛烈的洪水冲击而成。1966 年的大水灾，使比萨的大部分地区遭到了侵袭，但是地质学家认为这次洪灾与连续侵袭古比萨的水灾相比要逊色得多。

古比萨人民与洪水的斗争持续了 800 年，直到比萨人民征服了洪水猛兽，但港口却永远消失了。这里却成为考古学家的梦想之地，水灾使最重要的一批古船遗迹保存下来，这个非凡的考古遗址将给世人带来无尽的想象。

第四章　美洲古文明

第一节　神秘的玛雅古文明

玛雅历史文明概述

玛雅地区包括今墨西哥的尤卡坦半岛、恰帕斯和塔帕斯科两洲的大部分地区、今伯利兹、今危地马拉大部分地区、今萨尔瓦多和今洪都拉斯西部地区。这一区域总面积达 32.4 万平方千米。根据自然地理特征和文化发展状况，这一区域从南到北分为三个地区，太平洋沿岸平原和山麓地带、高原（分为南部高原和北部高原）和低地（分为南部低地、中部低地和北部低地）。

玛雅人归属于蒙古利亚人种。公元前 2000 年前后，他们的祖先先后在玛雅地区的海边、高原谷地和平原低地定居，繁衍生息，从今墨西哥地区引种玉米及其他作物，从事农耕活动，根据摩尔根、马克思和恩格斯所揭示的民族形成历史发展过程从部落到部落联盟，公元前 1000 年前后形成一支民族，出现了复杂的社会、政治、经济制度。

在公元前 1000～前 400 年期间，玛雅文明开始进入发展的历史过程。其历史发展大致分为三个阶段：早期阶段（约前 1000～前 250）、中期阶段（1250～1200）和晚期阶段（1200～1500），也有人把玛雅文明的三个发展阶段分别称为前古典期、古典期和后古典期。

玛雅文明早期阶段同时兴起于太平洋沿岸、高原地带和中部低地。由于玛雅人的生产不断发展，物资日益丰富，出现了远距离贸易，增加了与外部的接触，同时密切了内部联系。各地在发展过程中玛雅各个古城部族也逐渐形成了自身的文化特色。太平洋沿岸和高原的文化集中反映在大型石碑上。石碑上雕刻着历朝历代统治者的形象、在位时间和一些用象形文字说明的历史事件，主要文明发展中心是伊萨帕和卡米纳尔胡尤。中部低地的文化特色广泛体现在大型石料建筑物（如金字塔和城市的卫城）、大型石铺广场和堤道上，主要文明中心是纳克贝和埃尔米拉多尔。

中期阶段，太平洋沿岸和高原地带文明发展中断，中部低地文明转移到了蒂卡尔、帕伦克、博南帕克和南部低地的科潘等地。这些中心的文化成就不仅反映在建筑、雕刻、绘画等文化艺术上，而且反映在政治制度上。城邦国家的最高统治者至高无上，一统天下，君主统治体制得以强化。

晚期阶段，北部低地和南部高原兴起了新的发展中心。1200年左右，玛雅潘城邦兴盛，征服了9世纪以来一直称雄北部低地的奇琴·伊察城邦，其自身得以蓬勃发展。14世纪，南部高原兴起三个城邦国家：基切（以乌塔特兰为中心）、卡克奇克尔（以伊西姆切为中心）和楚图伊尔（以阿蒂特兰湖南岸地区为中心）。这些城邦国家革新了政治制度，实行议事会集体统治。但是它们长期不和，相互争战。15世纪中叶，乌斯马尔城邦摧毁玛雅潘城邦，称霸北部低地。16世纪，整个玛雅地区被入侵的西班牙人占领，玛雅古文明的发展进程随之中断。

玛雅文明诞生于美洲大陆的热带丛林，在这片不宜耕作的密林中，玛雅人在既没有金属工具，也没有牵引动物，而仅仅采用新石器时代的生产工具的情况下，创造出了如此灿烂的文明，实在令人费解。他们留下的高耸的金字塔神庙、庄严的宫殿和天文观象台，以及雕刻精美、含义深邃的纪念性石碑和建筑装饰雕刻，令人慨叹！

玛雅人具有其他印第安民族所望尘莫及的抽象思维能力，他们创造了精确的数学体系（采用20进位法和18进位法）和天文历法系统，以及至今仍有待我们去破译的象形文字系统。他们创造的文化成就与当时的生产力水平相差之大，令人无法想象。与古玛雅文明奇迹般地崛起和发展一样，它的衰亡和消失也同样充满了神秘色彩。后来，玛雅文明开始衰落，此后，文字失传，现今在这块土地上生活的古代玛雅人的后代在文化方面已经退化到新石器时代人的水平，对他们的伟大祖先创造的文化一无所知。古代玛雅文明已成为一段湮没的历史，令人心中充满了疑惑。

遗憾的是，直到今天，我们对中美洲这个悠久灿烂的玛雅文明的了解还依然是极为有限的。尽管各门学科的专家们已经把数万座金字塔记录在案，已经发现了100多个城市遗址，但是，对于根植于几十万平方千米广袤土地上的神秘的玛雅文化来说，这仅仅是一个开始。辉煌、瑰丽的玛雅有太多的未解之谜在等待着后人们去破解。

玛雅古城的发现者斯蒂芬斯说："每一个终点就是一个起点，当玛雅人神秘消失的时候，这个奇特的文明就注定要在后世人的心中刻下烙印。"

对玛雅了解得越多，我们越是迷醉于它那些与我们的文化传统判若鸿沟的文明要素——玛雅人的科学知识、技术水平、宗教思想、宇宙观、艺术创造等方面，都达到了现代人难以企及的高度，而且自成体系，圆满无缺。

在最终破译玛雅之谜之前，它的浪漫与神奇还将陪伴着我们。而等到真正揭开它神秘的面纱之时，玛雅文化可能向人们展示更加耀眼夺目、惊心动魄的智慧光芒！

德国学者西拉姆曾说：人类假如想要看到自己的渺小，无需仰望繁星闪烁的苍穹，只要看一看在我们之前就存在过、繁荣过，而且已经灭亡了的古代文明就足够了。

第四章　美洲古文明

玛雅古文明的探索与揭秘

为了揭开玛雅文化神秘的面纱，世界上许多科学家孜孜不倦地进行了大量的探索。根据现代宇航和考古方面的新发现，美国学者克瑞希乌姆兰特与艾利克合著的《古昔之谜》一书认为，玛雅文化和天外来客有着某种神秘的联系。

16世纪中叶，西班牙殖民主义者顺着哥伦布的足迹，踏上中美洲的土地来到了玛雅部落。玛雅人委派通译者佳觉，向西班牙第一任主教兰多介绍了自己的文明。兰多被玛雅典籍中记载的事情吓坏了，认为这是"魔鬼的作品"，于是下令将典籍全部焚毁。经过这番浩劫之后，玛雅人一下子神奇地失踪了，他们灿烂的文化也随之成了沉寂的谜题。

300 年后，年轻的美国外交官斯蒂文写了一本《旅行纪实——中美加帕斯和尤卡坦》，激起了人们研究玛雅文化的热潮，于是不少人开始致力于研究 16 世纪的那场浩劫后，仅留下的三部玛雅典籍和一些石碑、壁画等。然而，玛雅的文字是那样古怪深奥，以致于没有人能够识别。数百年来，这三部玛雅典籍像天书一样吸引着无数想要打开其中奥秘的人，但到头来很多人都是徒劳地摇头叹息。第二次世界大战以后，为了研究玛雅文化，美国和前苏联都投入了大量的人力和物力，甚至还使用了先进的电子计算机。即便是这样，到目前为止据说也仅仅认出其中的 1/3。

1966 年，有人根据已认出的这些玛雅文字，试译了奎瑞瓜山顶上的一块玛雅石碑，惊喜之余又出乎人们意料之外的是，它竟是一部编年史。据透露，编年史中记有发生于 9000 万年前，甚至 4 万万年前的事情。可是 4 万万年前，地球还处在中生代，根本没有人类的痕迹，难怪那些欧洲的宗教狂人认为玛雅文明是"魔鬼的作品"了，这么久远的历史让今人穷尽所能也无法想象。

玛雅人的历史要上溯到 4 万万年以前，可见他们并非一个落后的民族，现代电子计算机也无法破译玛雅的文字秘密。古老的玛雅人已在数学、天文、医学等方面取得了辉煌的成就。

在人类历史长河中，数系中的"0"这个符号的发明和应用是具有重要意义的。而研究者从玛雅文化的研究中发现，至少在公元前 4 世纪与公元前 3 世纪之间，玛雅人已应用"0"这个数学概念，而且玛雅数系的特点是 20 进位的，在石碑中竟出现了有长达 11 位的大数字。例如，在计时上，玛雅人有一个称为"阿劳东"的单位，就相当于 23040000000 天。这样巨大的单位，只有在测量星际距离和星际航行时才需要到。因而，玛雅的数系被人们誉为"人类最伟大的成就之一"。

众所周知，每个民族一般都有一个纪元，譬如罗马帝国的纪元以它的建立为起点；希腊以第一次古奥林匹克竞技为起点；基督教国家则以耶稣的诞辰为起点。但在玛雅的传说中，他们有好几个纪元，每个纪元都是以地球毁灭性破坏的结束为起点。玛雅的最后一个纪元开始于公元前3113年，这正是他们在中美定居下来的日子；玛雅的上一个纪元开始于公元前11000年，那时正适逢地球冰河期结束；再往前推，他们还有三个纪元，每个纪元的时间都要以几十万年或几百万年来计算。

玛雅人还拥有高度精确的历法，玛雅人制定了太阴历，算出了金星公转一周的时间，并找出了纠正太阳历和太阴历积累误差的方法。他们还精确地计算出太阳年的长度，即一年为365.2420天。这是16世纪的欧洲殖民主义者所望尘莫及的，因为那时的欧洲普遍使用的还是粗糙得多的恺撒历。

尽管当时的玛雅人有如此精确的太阴历和太阳历，但他们却十分珍视一个由13个月组成一年、每个月为20天的奇怪日历。中美洲其他地区的土著都知道，这种260天为一年的日历是毫无使用价值的，他们都有比这奇怪日历更符合年月、四季、昼夜运转规律的日历。这不禁使人怀疑，这个奇怪的日历是否是玛雅祖先从另外的"世界"带来的一部分的文化遗产呢？

在尤卡坦半岛上，高高矗立着9座巍峨的金字塔，与埃及最早的几座金字塔相比，可算得上是"孪生的姐妹"，同类的建筑在英国和法国也已发现。金字塔各种数据的精确程度让人惊叹不已，苏格兰天文学家斯穆斯对埃及的两座金字塔作了为期4个月的勘测，他们得出了一些引人深思的数据：塔的四个面都是等边三角形，它们正好朝着东南西北四个方位；底边与塔高之比，恰好为圆周率与半径之比；塔的高度为地球周长的二十七万分之一，也是地球到太阳距离的一万亿分之一。玛雅金字塔的天文方位计算得更为精确：天狼星的光线经过南墙上的气流通道，直射到长眠于上面厅堂中的法老头部；北极星的光线通过北墙的气流通道，径直射进下面的厅堂里。

人们都知道埃及金字塔是一种坟墓，那么大西洋两岸的玛雅古民族会营造工程浩大的金字塔作坟墓吗？果真如此，那么为什么金字塔与塔顶上的神龛极不相称？整个塔的建造水平是如此之高，而神龛却是相当粗糙？因此，有人猜测神龛可能是后来加上去的。一百多年前，从金字塔中发掘出来的东西来看，今天已有一部分被人们辨认出来了，原来是一些精致的透镜、蓄电池、变压器、太阳系模型碎片、不锈钢和其他不知什么合金制成的机械、工具等。据此，有人推测金字塔原先很可能是一种玛雅祖先的供应库，只是由于金字塔内部的奇特空间形状，能使停放在金字塔内一定部位的尸体木乃伊化，因此头脑中有着获得永生渴望的民族，是很有可能把自己的首领放进这种供应物已用完的建筑物中的。

美国的人类学家、探险家德奥勃诺维克和记者伐兰汀，对中美洲的尤卡坦进行考察，发现了由许多通道互相连接的地下洞穴。起初，他们的考察工作很顺利，发现地道的结构和金字塔内的通道十分相似。但当他们继续在地道中考察时，却遇到了许多困难，德奥勃诺维克想拍几张照片，但照了9张只印出1张，而这张照片上所摄下的竟是一片漩涡状的白光。他们顿时意识到危险就在眼前，是不是遇到了传说中的玛雅祭司留下的保护圣地的能场了？于是探测只好就此停止。

金字塔内和尤卡坦地道内的这种神秘的能场，使人联想起使飞机和船只经常莫名其妙地失踪的百慕大三角区。在那里遇难的船只和飞机连一片残骸碎片也没有留下，甚至海面上连一点油星也没有。遇难前，它们差不多都向基地发出已经接近海岸，全部仪器失灵的报告和看到一片"白水"的惊呼，随后一切联系都中断了。那么，在百慕大三角区是不是也存在着和尤卡坦地道中一样的能场呢？特别是近年人们在百慕大三角区海面下发现了一座金字塔，有人就推测玛雅人可能潜居在水下的金字塔内，或许他们就是这个"魔鬼三角区"的肇事者。

种种的想象、推测，都无法给人一个完美的解释，看来，人们要深入玛雅神秘的文化内核还需要不少时日。

玛雅文字之谜

科潘遗址位于洪都拉斯西部，是研究玛雅文字文明的一大宝库。在科潘遗址中，人们发现在许多石碑、石像上都刻有象形文字。最令人惊叹的是一座有 63 个石级的"象形文字阶梯"，它高约 30 米，宽约 10 米，上面刻有 2500 个象形文字，真可谓考古学上的一大奇迹！

玛雅的文字像汉字一样成方块形状。汉字有些是符号，有些是象形文字，一般写法是从上而下，然后从左到右。但玛雅的象形文字别具一格，每个字都用方格或环形花纹围起来，里面的图案有的像人，有的像鸟兽，有的仅是一些圈圈点点。玛雅人曾用这种文字写下了大量书籍，但玛雅文字到今天还未能完全解读，因为没有发现类似古埃及罗塞塔石的东西，更因为殖民地时代西班牙传教士的愚昧，把无数玛雅典籍说成是异教邪物，一股脑儿把这些最后的线索彻底烧掉，唯一幸免的只有三部早已流落异乡的抄本。

欧洲殖民者的愚昧和暴行给玛雅文字的解译造成了巨大的困难。多年来，人们对这种奇形怪状的文字进行了大量的研究，然而，这些文字到底怎么读？它起源于何时何地？与古代埃及、中国的象形文字有无关系？这些问题，至今仍困扰着很多的玛雅文字学者。

科潘遗址

幸免于难的三部玛雅手稿，一部是 1811～1848 年，西班牙勋爵肯格斯鲍洛自费出版的玛雅手稿《墨西哥的古物》，现存在德国的德雷斯顿图书馆，因此人们又叫它"德雷斯顿手稿"。另一部是法国科学家列昂·吉·洛尼在巴黎图书馆所收藏文献中找到的另一手稿，即"巴黎手稿"。还有一部是在西班牙发现的，人们称之为"马德里手稿"。

专家们认为，玛雅手稿除载有丰富的天文历法知识之外，还十分详尽地记载了各种预言、仪式，实际上是玛雅祭司所编的"圣礼节"。1973年，在美国一个展览会上，人们又见到第四种玛雅手稿，但是它属于私人所藏，内容不详。

科潘遗址石雕神像

一百多年前的人们便开始对玛雅手稿进行深入研究，以便破译那些神秘的图案文字。不少学者认为，玛雅文字只具有会意字的特点，手稿中的每一篇章也只是一些字谜而已，根本不是人们以前认为的所谓象形文字。如果的确如此，那么人们在探索玛雅文字之谜的过程中就碰上了无法逾越的困难，因为任何人在400多年前无规可循的文字游戏面前都会显得无能为力，不知所措。

前苏联的玛雅文化研究者克洛诺佐夫认为，玛雅文字与古埃及、苏美尔、中国的文字一样，都是象形文字，而不是会意文字。这位古文字专家在1952年成功地解读出了一系列以前无法判读的单词。可是对玛雅手稿继续深入研究5年以后，他觉得解读全部玛雅文字是一件相当棘手的事情。他认为不能指望解读玛雅手稿的工作获得惊人的突破，因为在那些天书般的手稿中，有一定数量的单词无法理解，它们在玛雅—西班牙语词典及殖民时期的文章中都无法找到与之相类似的字形。要真正能解读这些手稿，那得更充分更全面地揭示玛雅象形文字及语言的规律性，应当找到同玛雅语言中的单词相同的变体。1963年，克洛诺佐夫根据多年的研究成果出版了《玛雅印第安人的文字》一书，得到了国际同行们的好评。后来，他又出版了《玛雅象形文字手稿》一书。

前苏联科学院西伯利亚分院的数学研究所用电子计算机来协助玛雅文字专家，他们把玛雅文字、文章、日期、图画及玛雅—西班牙语词典全部编制成计算机信息，由电脑来完成这一项艰难的工作。计算机分析结果十分鼓舞人心，在殖民早期阶段所使用的玛雅文字与现在玛雅手稿中的象形文字基本吻合，解读玛雅文字也许并非遥遥无期。借助电子计算机已经基本上可以确定玛雅文字中那些使用频率最高的单词的语法意义，并在一般情况下还可确定其独特的语法功能。而且人们还可进一步了解到玛雅诸神的名字、绰号及其他不少事物的名称。但这些仅仅是在玛雅文字研究中向前迈出的第一步，要探寻出手稿中那些未知符号的含义并不是一件很容易的事，还需要做更多的工作。

世界各国科学家正在运用最先进的科学手段，继续探索玛雅文明之谜。如果那些玛雅手稿能揭开玛雅文明外面的那层神秘莫测的面纱，也许就可以进一步探讨"玛雅文明是外星文明在我们地球上的再现，还是地球文明不可分割的有机组成部分"这一个令人困扰的问题。

2005 年，在危地马拉玛雅金字塔的挖掘工作中，人们发现最古老的玛雅文字总共有 10 个，这些文字是被早期生活在美洲的玛雅人用石头雕刻而成的。考古学家认为这些文字可能是玛雅金字塔内壁画下的题字，但当他们将这些被发掘出的古迹用放射性碳元素测定年代法进行详细分析后却惊奇地发现：这 10 个象形文字的年代在公元前 3～前 2 世纪间，而金字塔内壁画的年代大约在公元前 1 世纪，这意味着 10 个象形文字在壁画完成前的 100 多年就已经被雕刻在金字塔内。最早的玛雅文字模糊难辨，一位考古学家说，由于年代久远且这 10 个象形文字和壁画都被雕刻在泥灰版上，因此无法清楚地破解这些文字的意思，他猜测其中一个文字可能是"统治者"的意思。对玛雅文字的研究，至今未能完全破译出上述文字的全部意思，也不能解释出为什么这些文字会比金字塔内的壁画出现的年代还早大约 100 年。

玛雅金字塔之谜

提起金字塔，人们马上就会联想到埃及法老的坟墓，实际上，在美洲大地，擅长建筑艺术的玛雅人建造了数量惊人的大大小小的金字塔。不仅如此，玛雅人的金字塔有着比埃及金字塔更多的含义。玛雅金字塔遗址位于今天的墨西哥，它是古代美洲玛雅人建造的举行宗教礼仪的巨大建筑，它是世界建筑史上的杰作，充满了神秘的色彩。

在墨西哥及尤卡坦半岛上，有许多气度非凡的金字塔，其规模之宏伟，构造之精巧，完全可以与埃及金字塔媲美。

埃及金字塔几乎全是方基尖顶的方锥形，而玛雅金字塔的每个侧面不是三角形，而是梯形，它的下部为阶梯，上部是平台，平台上通常还建有庙宇。埃及金字塔形状几乎完全一样，玛雅人却把他们的金字塔建成各种风格的变体。有的甚至有 60°左右的陡斜的坡度，从塔脚下向上望去，塔身高耸入云，十分威严神圣。玛雅祭司和献祭者就沿着几百级、甚至上千级的台阶，一步一步登上金字塔顶，这给金字塔下的观众造成了通天的感觉。两者的体积不同，美洲金字塔的大小不一，相差悬殊，大的高几十米，方圆数百米，但小的只有一两层楼那么高；而埃及金字塔都是很高很大的庞然大物（最矮的也高达几十米）。

玛雅人建造的金字塔的数量惊人，有人说仅在墨西哥境内就有 10 万座大大小小的金字塔。就目前已知的遗址分析研究，大致分为几种类型：平顶金字塔，上建庙宇，这种类型最为常见，可称玛雅金字塔的基本形态；尖顶金字塔，仅见于蒂卡尔城，其顶上的美洲豹庙很小，只能看成塔尖；壁龛式金字塔，发现于墨西哥的维拉克鲁斯，塔基呈方形，边长 118 英尺（1 英尺＝0.3048米），高 80 英尺，共分 7 层，塔身雕琢了 365 个方形壁龛，恰好每个代表一天。

然而最重要的不同在于，埃及金字塔全部是法老的坟墓，而玛雅的金字塔主要是举行祭祀和天文观测的场所。在玛雅图谱中经常发现这样的图画：梯顶部有一个房子，里面有祭司用交叉的十字棍观天象。从任何一面看金字塔，都是阶梯加神庙。祭司有时仅用眼睛表示，十字棍是用来定点的。玛雅人观星的精确度很大程度上取决于、也表现于这些高耸入云的金字塔。在没有望远镜等现代设备辅助的情况下，

玛雅金字塔

要达到准确的观察就必须能站在一个极高的位置，从而越过广袤的丛林，将视线投射到遥远的地平线上。玛雅祭司们对天气、农时的准确预报，依靠的就是他们长年累月不间断的观察和记录。奇琴·伊察的古古鲁汗金字塔，从 4 时半至 8 时半止，可以观测太阳，特别是 3 月 21 日及 9 月 23 日的春分秋分，同时也可记录其轨道情形。另一方面，祭司们经常登上高可通天的金字塔，如坐云端，对他们半神半人的权威来说，也是一种很好的包装。

玛雅金字塔有很多，其中比较著名的是"库库尔科"金字塔和太阳金字塔。

"库库尔科"金字塔位于墨西哥大学城以南的库库尔科，是玛雅文化前古典期晚期（公元前 800～前 200）中部高原文化的重要文化遗址之一。"库库尔科"的原意是"舞蹈唱歌的地方"，或表示"带有羽毛的蛇神"。"库库尔科"金字塔是在公元前 500～前 475 年建成的。那时这里居住着从事农业的纳瓦人，他们在这里兴建了一些举行宗教礼仪的大建筑，被叫做"金字塔"。

"库库尔科"金字塔是我们现在看到的早期墨西哥金字塔，是一座用土筑成的九层圆形祭坛，高 29 米，周边各宽 55 米多，最高一层建有一座 6 米高的方形坛庙，塔的四周各有 91 级台阶，所有的台阶加上顶层正好是玛雅人一年的 356 天，台阶的两侧有宽

149

达 1 米的边墙，北边墙下端，有一条带羽毛的石刻大蛇头，蛇头高 1.43 米，长 1.8 米，宽 1.07 米，蛇嘴里吐出一条大舌头，颇为独特。在每年春分和秋分这两天的下午，金字塔附近就会出现蛇影奇观：在太阳开始西下的时候，北边墙受到阳光照射的部分，从上到下由笔直逐渐变成波浪形，直到蛇头，宛如一条巨蟒从塔顶向下爬行，由于阳光照射的关系，蛇身有 7 个等腰三角形排列成行，正好像蟒背的花纹，随着太阳西落，蛇影渐渐消失，每当"库库尔科"金字塔出现蛇影奇观的时候，玛雅人就欢聚在一起，高歌起舞，庆祝这位带羽毛的蛇神降临人间。

太阳金字塔也是玛雅金字塔的代表之一，它的塔基长 225 米，宽 222 米，和埃及的胡夫金字塔大体相等，基本上是正方形，而且也正好朝着东南西北四个方向，塔的四面，也都是呈"金"字的等边三角形，底边与塔高之比，恰好也等于圆周与半径之比。

1952 年，墨西哥考古学阿尔贝托鲁兹在帕伦克的铭文神庙的地面上发现了一个甬道入口。甬道入口被石头和瓦砾湮没。沿着甬道的阶梯向下走 25 米，就到了深藏的拱顶墓室。他在这里发现了一座赫赫有名的地下陵墓。墓室 9 米长、7 米高，四壁的人形浮雕被认为是玛雅神话中 9 个夜神的形象。在玛雅人的观念里，死亡就是把人拖入了永不可返回的浓浓黑夜，而夜神的陪伴，可以减轻他的孤寂和绝望。石棺上盖着一块雕刻精致，重达 5 吨的大石板，石棺中有一具人骨，随葬品琳琅满目。它们多是大量精美的玉雕制品，其中有玉镶嵌的面具，玉和珍珠母片的耳饰，以及管状玉珠的项链、指环。墓主的双手和口中各有玉块，还有两尊太阳神的玉雕放置在尸体两侧。太阳神玉雕小塑像的脸上戴着一个由 200 来块玉石制成的玉面具。可见，玉在玛雅人眼里比金子还珍贵，像古老的中国人一样，玉是和生命有关的物件，它不仅使死去的人重生，而且是活着的人生命力的象征。从小说《红楼梦》中便可一见端倪，通灵宝玉便是贾宝玉的命根子，一旦丢失了它，贾宝玉便疯疯癫癫不省人事。玛雅人也对玉寄予了一种厚望。不过，这被视为国宝的玉面具在轰动世界的墨西哥博物馆失窃案中被盗，至今下落不明。

沿着阶梯，还有一条仿大理石的通道把地下陵墓和上面的平台连接起来。也许这是一条玛雅人的"心灵通道"，死者由此可以与祭司们会晤，发号施令。石棺等处的铭文表明：墓主是帕伦克最大的统治者帕考。玛雅史学家认为，帕伦克古城地下陵墓的发现，是玛雅古城遗址中最重要的发现之一。迄今为止，还没有发现能跟这个地下陵墓一比高低的其他地下宫殿。它表明，美洲的金字塔在某种情况下，与埃及金字塔一样，也是一种丧葬建筑。

1968年，一批科学家试图探测玛雅金字塔的内部结构，令人费解的是：他们在每天的同一时间，用同一设备，对金字塔内的同一部位进行 X 射线探测，得到的图形竟无一相同。

水晶头骨之谜

1898年，大英博物馆的展品中，出现了一件神秘的水晶头骨。白天它供参观者观赏，一到夜里，工作人员就给它罩上一层厚厚的黑绸。据说在展示的第一天夜里，一个工作人员走进大厅清扫，发现陈列的那颗水晶人头，竟在黑暗中发出耀目的白光。白灿灿的人头龇牙咧嘴，面目狰狞，着实令这位工作人员心惊了一下。

除大英博物馆外，世界上还两颗相似的水晶人头为人们所发现。一颗是英国姑娘安娜在1927年跟随她父亲、考古学家米希尔·海德吉在考察拉丁美洲的著名古城卢巴·安吐姆古城废墟时，在挖掘现场上偶然发现的；另一颗水晶人头则保存在法国的人类博物馆里。

这些水晶人头引起了世界考古工作者的兴趣，他们最关注的问题是，这三颗水晶人头是如何产生的？到底是什么人在什么时代制作的？制作的意图又是什么？

素以文物记载精细严谨著称于世的大英博物馆，对这些水晶人头却记载得很少。学者们根据博物馆的简略记录追踪到了美国，经过追查，人们得知，美国人是从墨西哥那里获得那颗水晶人头的。于是许多考古学家涌向墨西哥，希望在那里找到水晶头骨的答案，然而寻觅了近一个世纪，人们却一无所获。

安娜发现的那颗水晶人头，是在洪都拉斯卢巴·安吐姆古城废墟上出土的，所以它自然与古城的历史有着密切联系。科学家们运用现代技术对这颗水晶人头进行了鉴定，发现它是由大块水晶制作而成的，高 12.7 厘米，全重 5 千克，完全模仿人类头骨制作，牙齿整齐地镶在牙床上，鼻骨则用 3 块水晶拼合而成，两只眼睛各为一块圆形水晶。要制作如此精美的水晶人头，不但要有罕见的大水晶，还得具备高超的制作工艺。据玛雅古代传说，这个水晶头颅具有神奇的力量，是玛雅神庙中求神占卜的重要用具，至今已有 1000 多年历史。专家们通过对头颅的表面及其内部结构的研究，肯定其历史非常悠久，确是玛雅时代遗留的文物。据考古学家鉴定，这颗水晶人头的制作至少需要 150 年，出土前，在地下埋藏了约 3600 年。

在水晶头骨上还记载着一些神秘的话语："你需求这个容器——按照你的叫法'水晶头骨'——的来源……我告诉你，它是好几千年，好几千年以前，一个智士神灵做的……它是你们所说的玛雅之前的文明化身。我们的文明，像你说的那样，在那时比你们现在的文明先进多了……"

令研究者们困惑的是，这颗水晶人头雕刻得非常逼真。不仅是外观，而且内部结构都与人的颅骨骨骼构造完全相符。近代光学产生于 17 世纪，而人类准确地认识自己的骨骼结构更是 18 世纪解剖学兴起以后的事，1000 多年前的玛雅人是如何掌握这些高深的解剖学和光学知识的呢？

玛雅水晶头骨

水晶的硬度非常高，仅次于钻石和刚玉，用铜、铁或石制工具，都无法加工它。即使是现代人，要雕琢这样的水晶制品，也只能使用金刚石等现代工具。而1000多年前的玛雅人还不懂得炼铁，他们又是使用什么样的工具加工这个水晶头颅的呢？难道他们早已掌握了现代人无法知晓的某种技术吗？从这个奇异的水晶头颅来看，也许玛雅人掌握的科学技术，比人们所想象的还要高超得多。但他们又是怎样获得这些科学技术的呢？这就更是谜中之谜了。

保存在法国的那颗水晶人头，则是在墨西哥的印第安古城遗址中发现的。不难发现，这3颗水晶人头都是在拉丁美洲的古遗址中找到的。这几处古遗址是美洲印第安人先民所遗留下来的，这些水晶人头很有可能是古代印第安人的杰作。法国的考古学家则认为，保存在法国人类博物馆里的那颗水晶人头，是公元前14～前15世纪墨西哥印第安人的祖先阿兹特克人制作的，它可能是一个阿兹特克祭司木杖顶端的装饰物。在发现这颗水晶人头的现场，也发掘出了许多精致的小型铜制工具，人们猜测，也许水晶人头是阿兹特克人用这些铜制工具雕刻成的。

然而，法国考古学家的解释仍未解开一些疑问，首先是墨西哥的印第安人在20世纪40年代还在密林里过着原始生活，其祖先怎么能在14或15世纪掌握冶制铜器和雕刻水晶工艺品这样的高超本领呢？此外，这些水晶人头仅仅是一件装饰品吗？其制作目的与用途也许并不如此简单，或许具有更加神秘的意图和功能，人们对此也一时难以得出最后的定论。

在美洲印第安人中流传着一个古老传说：古时候有13个水晶头骨，能说话，会唱歌。这些水晶头骨里隐藏了有关人类起源和死亡的资料，能帮助人类解开宇宙生命之谜。根据传说，人们必须在2012年12月21日之前找到全部头骨。那一天是已经循环了5126年的玛雅历法的终结。除非13个头骨聚集在一起并按正确的位置摆放，否则地球将飞离轴心。只有那样做，头骨的超自然力量才能挽救地球。

有意思的是，目前世界上真的出现了大约十几个大型水晶头骨，除了其中的3个外，其他的都在私人收藏家手中。那些对上述传说坚信不疑的人一直指责大英博物馆有意让头骨避开公众的视线，或者是"诱捕"饱含在它内部的宇宙能量。可是，现在英国科学家证实了这个头骨是假的，但仍有许多人认为这是科学家耍的花招。

这3颗水晶人头仍是个难解的谜，对它的认识还远远没有穷尽。有些学者将它与拉美许多未解之谜一并归于天外来客的杰作，莫非这些水晶人头是神秘的外星人制成用来研究地球上人类的人头模型？

"圣井"之谜

干旱地区的玛雅人，面对如何生存下去的第一问题，就是饮水，人们最担心的就是天不下雨。于是，玛雅宗教史上一个重要的新现象出现了——雨神恰克日益受到崇奉，地位大有凌驾第一大神天神伊扎姆纳之势。这就好比说中国常为祈雨操心的古代农民变得不敬玉皇大帝，专奉龙王爷一样。玛雅祭司们的主要工作变成了求雨，地处尤卡坦半岛北部干旱地区、辉煌的奇琴·伊察城就建在两个大型石灰岩蓄水池边上，开口呈50～63米的略不规则的椭圆，井壁陡峭，一层一层的岩层叠压在一起，仿佛是一道道密排的环圈。从井口到水面有20多米，水面之下到井底也有20多米深度。这两口天然大井成了玛雅人的"圣井"。奇琴·伊察若逐字转译，即是"伊察人的井口"。

这两口圣井中，南井是饮水用的井，北井则为玛雅人祭神专用的"牺牲之井"，也有一种说法，圣井只指北井。传说每逢旱灾之年，玛雅人便在祭司带领下前往圣井，献上丰盛的祭品，甚至包括活生生的美丽少女，祈求井底诸神息怒，不要再用干旱惩罚犯了错的玛雅人。1877年，美国探险家爱德华·汤普森打捞了这口圣井，一眼望去，这是一个装满脏水、石块和千百年积下的烂草枯木的黑洞。从井底臭气熏天的淤泥里：一件件期盼已久的珍宝露面了，有玉石、金饰、花瓶和翡翠碗等，伴随着它们的，是一具具的少女骸骨。这一切都证明那古老的传说其实是千真万确的史实。

"圣井"的神秘价值在于当把它们连成一条直线时，那座被称为"螺旋塔"的天文观象台的顶部，恰恰在这条直线的中部，而且非常准确，两口井到天文台的顶部的距离都是 984 码（1 码＝0.9144 米）！

关于圣井，人们知道的也许就这么多，而实际上，它还有一个令人惊心动魄的神奇传说：

11 世纪初，玛雅潘、奇琴·伊察、乌斯马尔三城结盟，玛雅历史开始三雄鼎立到逐渐统一的进程。几个世纪的角逐、融合的结果，就是使这一地区因最强盛的玛雅潘而得名。故事还得从头说起，这一系列历史偶然事件都可以归到一位史诗人物名下，而他传奇的经历就发端于奇琴·伊察的圣井。

每当饥荒、瘟疫、旱灾等情形出现时，玛雅人就要把活人投入到圣井里，或者叫做请活人前往"雨神之家"去"询请"雨神的谕旨。通常玛雅人是在清晨把作为人祭的少女投进井里，如果她摔进水中很快溺死，那么，人们就感到非常失望，哭号着一起向水中投石头，因为神灵已经把不祥的预兆昭示给了他们。事情的奇特在于人牲还有生还的可能。假如从清晨到中午，井中的人还侥幸活着的话，那么井口上边的人就会垂放下一条长绳，把幸存者拉上来。这个生还的人从此备受崇敬，被认为是雨神派回来的"神使"。

12 世纪后期，有一位名叫亨纳克·塞尔的男子就因投井不死而被奉为"神使"。他甚至做了玛雅潘的最高掌权者。这让人想起中国古代的类似传说，据《尚书》记载，远古的中国在尧统治的时候，有一位叫做重华的人，被投到荒山野林里，风雨雷震、毒虫猛兽都没能加害于他，于是人们普遍认为他的才德感召了上天，受到神的眷爱，尧也把帝位传给了他。这就是中国历史上著名的禅让制，重华也就是后来的舜——三皇五帝之一。

玛雅世界的亨纳克·塞尔也一样，他经过验证后得到的"神使"身份，使他成为玛雅政治史上不可多见的显赫人物。他把玛雅潘变成了尤卡坦半岛上最强大的城邦国家，而且他的帝国化努力也有了初步成果。1194 年，亨纳克·塞尔的玛雅潘武装攻占了奇琴·伊察城，血腥地镇压了当地居民的反抗。接着，他又征服了另一重要城市乌斯马尔。玛雅奴隶制政治实体的雏形已经呼之欲出，甚至今天我们把几十万平方千米的土地称为玛雅地区，把共有同一类型文明的这些人民称为玛雅人，都应归功于"神使"亨纳克·塞尔给玛雅潘这个城市带来的力量和突出地位。

这位圣井中归来的"神使"由于自己并非贵族出身，所以在后来的统治时期，给玛雅潘添加了世俗的色彩。除了建造高大的祭祀坛庙之外，他还全力修建世俗权力人物的豪华宫殿，其中包括复杂的立柱厅房，有众多舒适的房间，装饰华美，设施齐全，以"宫殿"命名。这种世俗性的大型建筑在玛雅地区其他众多遗址中是难以见到的。玛雅潘的统治大权落到了非宗教祭司的世俗军事新贵手中，这使玛雅社会的组织体系、社会性质发生了微妙的质变。

或许可以作这样的猜想，玛雅潘的政治领袖亨纳克·塞尔其实并没有那一段神奇的经历，所谓从奇琴·伊察"圣井"中死里逃生的故事，仅仅是他编造出来的神话，用以证明他统治的合法性。这是不难想见的聪明的统治者的惯用伎俩，古今中外的事例不胜枚举。玛雅人的宗教神秘文化需要这样的"神话"，他们的人民甚至会自觉自愿或下意识地为他们的军事政治强人编织一段"神使"的传说。

望着玛雅潘遗址宏伟厚实的城墙（玛雅地区其他城市并没有这种严格的城市边界）以及6个带城楼的城门，还有城墙内大大小小近4000个建筑的遗存，人们不禁要问：它们的缔造者亨纳克·塞尔，到底是因为来自"圣井"才有资格和力量开创出这个大局面呢，还是由于开创了玛雅历史空前的规模才被这种文化视为"神使"呢？

在今天看来，奇琴·伊察的"圣井"只不过是两口废弃的水井，井壁风化剥蚀，井水在幽绿的色泽中闪烁着棕色和血红相间的颜色，井下曾经填满了珠宝玉器和不幸被推下井来的人牲，而如今，只剩下淤泥杂草……谁能联想到，它曾被赋予了那么重要的宗教功用和神秘色彩？

科潘之谜

公元 8 世纪，辉煌一时的玛雅文明骤然消失，巨大的城市科潘被遗弃，繁荣的街道空无一人，玛雅人抛弃了舒适的家、广场和宫殿，突然离去……这一切都成为考古史上新的不解之谜。这是人类历史上最为彻底全面的一次文化失落。是什么力量终止了玛雅文明的延续？

1839 年，两个旅行者出现在中美洲的热带雨林之中。在当地向导的指引下，正沿着泥泞的马帮小道，艰难地向洪都拉斯崎岖的高地行进着，绿色的丛林世界，轻柔飘荡的树蔓，不绝于耳的树蛙声，这一切真会让一个生物学家如痴如醉。但是这两位旅行者到洪都拉斯来可不是为了研究珍稀动植物的，他们正在寻找一个消失掉的城市——科潘。

两个旅行者中一个是英国人，名叫佛雷德里克·加瑟伍德，时年 40 岁，是一位绘画艺术家，有丰富的旅行经验。另一个旅行者是美国人，名叫约翰·李约德·斯蒂芬斯，时年 34 岁，出生于一个殷实的家庭，自己又是一位律师，但他放弃了这一本行，这些年来一直在欧洲、俄国、近东地区、阿拉伯地区以及埃及四周漫游。对古文化和废墟遗址的兴趣使两人成为至交好友。他们选定中美洲作为他们的探察目标。虽然人们早就知道在墨西哥南部、尤卡坦半岛、危地马拉和洪都拉斯存在着大量的废墟，但对于这些遗址文化的真正了解却几乎为零。

当两位探险者到达科潘谷地，即今天位于洪都拉斯西部的科潘·瑞纳斯镇时，看见了一条河，河的那面是长长的石墙似的建筑，高度达到 100 英尺。虽然有些地方已是残缺不全，小树和灌木丛生，但他俩仍然一眼就认出这是一座巨大石建筑的遗迹，斯蒂芬斯后来在回忆录中写道："我们沿着宽大的石阶梯往上爬，有的地方还完整无缺，有的却被石隙里长出的树所拱翻，最后我们来到了一个平台之上。由于丛林杂草的覆盖，很难辨认出它的形状。"尽管科潘几乎大部分都被热带雨林所吞没，但是斯蒂芬斯和加瑟伍德还是找到了一个石头砌成的半圆形的竞技场；一些前肢跃起，向前方猛扑的美洲虎的雕像；还有砖石建筑上部巨大的石雕头像。他俩的正前方，一级一级的石梯最终引向一个巨大金字塔的顶部，简直就是一座人工的石头山，金字塔的顶部原来是一座庙宇，墙体已全部倒塌，并被无花果的盘根所覆盖。周围全围立着石碑或有雕花的石柱。有些雕刻内容显然是人和动物，还有一些图像他俩可是见所未见，闻所未闻。

斯蒂芬斯和加瑟伍德气喘吁吁地爬到 100 英尺高的金字塔顶部，坐下后放眼向掩盖在丛林中的其他金字塔和废墟望去，映入眼帘的是无尽的凄凉和神秘的景色。斯蒂芬斯把半掩在丛林中的科潘比喻成大海中的一条沉船，"她躺在那里像大洋中一块折断的船板，立桅不知去向，船名被湮没了，船员们也无影无踪；谁也不能告诉我们她从何处驶来；谁是她的主人；航程有多远；什么是她沉没的原因。"当被问及玛雅文化被毁灭的原因时，当地的向导也只能一脸茫然："谁知道呢？"他们总是这样一成不变地回答别人的咨询，面对着科潘城的全部景貌，斯蒂芬斯心中只有一个信念：这些废墟只能是一个颇具成就的，有高度文明的种族留下的遗址。

两人在科潘一呆就是好几个星期，忙于探察，绘制地图和画素描，勾草图。两人都认为科潘绝不逊色于埃及任何一座著名的金字塔。

这次的发现令人振奋，二人大受鼓舞，急于探察更多的废墟遗址。他们穿过危地马拉，进入了墨西哥南部的契阿帕斯地区，继续进行范围广泛的探测旅行，访问了巴伦克和其他十来座别人告诉他们顺路就可以到达的废墟。他们注意到这些遗址的石碑上刻有许多和科潘石碑上相似的图像，于是断定这一整个地区曾经为一个单一的种族所占领，并且他们的文化艺术是独立存在的，决不雷同于其他任何已知种族，属于一个新的文明。斯蒂芬斯断然拒绝了当时风靡一时的文明扩散论，坚信这些废墟遗址肯定源于美洲本土，其建造者和现在还居住在这里的玛雅印第安人的祖先有相当接近的关系。随着这一论断的宣布，玛雅文化研究也就从此诞生了。

严肃正规的考古工作于 19 世纪 30 年代在科潘展开，哈佛大学皮波蒂博物馆派了一系列的考古工作队来。这些考古人员也对诸如像契晨·伊特萨那些地处尤卡坦半岛的玛雅废墟遗址进行了考查。

如今的科学家在很大程度上已经了解了这座古玛雅城市，科潘地区是一个 80 平方英里的河谷地区，而城市本身不过几平方英里多一点，位于河谷地区的最低处。这一地区内有 3500 座草木覆盖的高岗，每一处都是一座文化遗址，还有其他千余座高岗沿着河谷地区零散地分布着。

科潘城的中心是一个占地约 30 英亩（1 英亩＝4046.86 平方米）的地区，考古学家称之为主建筑群，也是当年斯蒂芬斯和加瑟伍德看见一连串大型废墟的地方。包括大金字塔在内的最重要的建筑雄踞于土石砌成的平台之上，傲视着周围的一切。小型的金字塔、庙宇、院落及其他建筑散布于大金字塔的周围。金字塔之间建有大型广场，上面点缀着石碑，有的竟高达 13 英尺。中央大型广场的一端修有一个球场，球场周围则是突兀的金字塔，就像陡峭笔挺的山峰。

科潘仅是玛雅许多文明中心中的一个。考古学家把玛雅的势力范围分成了三个区域：从南到北是高地（即今天危地马拉、西萨尔瓦多和洪都拉斯的山区地区）；南部低地（即危地马拉、南墨西哥和比奈滋的丘陵和平坦低地相连接的地区）；北部低地（即尤卡坦半岛）。科潘位于高地和南方低地之间。就其地形来讲，它属于多山的高地，但它与南方低地的玛雅城市有着最紧密的文化联系，这些城市中包括有巴伦克和汰柯。

公元前 1100 年，在郁郁葱葱的科潘河谷里开始有人定居。玛雅文化诞生于公元前 2 世纪，大约在公元前 250 年就进入了今天学者们所说的古典玛雅时代。从那一时期起，玛雅人开始在包括科潘在内的各地修建大型城市。到了 5 世纪，一位名叫宝蓝色鹦鹉的国王统治了科潘（宝蓝色鹦鹉是玛雅人供奉的一种热带鸟）。他下令修建了第一座大型的庙宇。他的后代接着统治了科潘 15 个朝代。科潘在他们的统治下成为古典玛雅数一数二的城市。

第四章 美洲古文明

159

科潘另一位著名的国王叫灰色美洲虎，他在 7 世纪统治了大约 70 个年头。在他的治理下，科潘的领土扩大了，大概是因为战争征服的结果，城市不断地扩大，直到人口达到了 20 万左右，人口的增加也带来了城郊的发展。皇亲贵戚们在中央金字塔周围修建了庙宇、广场和住宅，其余的人只得搬迁进了玉米地，在那里修建起一连串的新住宅。渐渐地，原来那些住在城边的农民被迫交出谷地上开垦出来的良田，搬迁到了周围不太肥沃的坡地上。他们改变了原来的耕种技术，用石头围造了梯田，以免大雨冲刷走泥土。无论怎样，社会的生产力开始下降。

　　灰色美洲虎的儿子兔子十八在 8 世纪初统治着科潘，那里的领土扩大到了 i00 平方英里。为了记录下历史和炫耀科潘的辉煌，兔子十八下令修建了许多石雕和石刻壁画。可惜好景不长，这位国王战败后被邻国俘获，斩首示众。他的儿子灰色贝壳为了复国，和巴伦克国的一位公主成了亲。灰色贝壳也修了一个新的神庙金字塔，其造型很有自己的特点：72 级台阶，每级 50 英尺宽，上面刻满了 1250 幅图画，倾诉着科潘王国和它统治者的故事，这可是全美洲最长的石刻故事。不幸的是，该台阶于 18 世纪崩塌，现在只有几幅画还保持着原来的状态。碑文研究家们正竭尽全力地工作，想恢复这些图画的原始状态，科学家们把这项工作的难度比喻成解决世界上最大最难的拼板游戏。

　　宝蓝色鹦鹉王朝的最后一位国王叫雅克斯·潘克，他于公元 763 年登基。尽管他下令修建了许多纪念碑和祭坛，把自己描绘成一个强大的君主，但仍然无法挽救已走上颓势的科潘。人口过剩和庄稼歉收导致了食物的短缺，这又导致科潘人体质整体下降。科学家们分析研究了当地的骨骸，发现科潘后期人口中的 90% 都患有营养不良或其他病症。雅克斯·潘克死于 820 年，科潘的辉煌也就到此结束了。考古学家有证据表明在以后几个世纪中，人们继续生活在这一河谷地区，但人口持续锐减，再没有修建新的石碑和祭坛等建筑。大约在公元 1200 年，除了少数一些农民和猎户外，科潘已无人居住。热带森林开始慢慢地、极为耐心地吞噬已开垦出来的河谷地区，用树林、树叶、枝蔓和杂草覆盖掉所有的石碑和庙宇。

科潘的衰败反映了玛雅文明的整体衰退。汰柯、巴伦克和其他的南部低地城市似乎大约在 10 世纪左右就被遗弃了，只是在北部的尤卡坦，玛雅文化继续在契晨·伊特萨、犹克斯莫、图拉和玛雅潘等城市繁荣，但是也未能持续到 15 世纪，当西班牙人于 16 世纪入侵时，玛雅文明已经衰败不堪，它的鼎盛时期已经是几个世纪以前的事了。古代的玛雅人相信时间的轮回，认为世界将灭亡于公元 2012 年，然而玛雅文化的辉煌却在几个世纪前就熄灭了。

研究人员今天仍然在致力于解释和完善玛雅文明消亡的原因。玛雅城市之间的战争，城市内部贵族之间的争斗，再加上由于干旱少雨、毁林和人口过剩所引起的经济和环境恶化导致了玛雅文化的全面崩溃，常年不息的战争的拖累，不断歉收的粮食，可能还加上农民的躁动不安，等级森严的玛雅社会终于不堪重负，最终消亡了。1995 年，地质学家发现，有证据表明 8 世纪南部尤卡坦玛雅城市的衰落恰好与发生在那一地区的干旱相重合，那可是 7000 年一遇的特大灾害。学者们一致认为"玛雅文化为什么崩溃"和"玛雅文化是怎样崩溃的"是当今玛雅研究中最引人入胜的两个题目。

联合国教科文组织于 1982 年宣布科潘为世界级文化遗产之一；这使联合国可以提供经费，用来保护废墟遗址免遭文物盗贼的荼毒和自然力量的侵害，同时能为进一步的研究提供经济援助。两年之后，洪都拉斯政府宣布科潘成立国家考古公园，并且筹备一个考古博物馆，于 1996 年对公众开放。虽说废墟遗址已发掘了许多，然而在未来的几十年里，考古学家和碑文研究人员仍有很多实地工作要做。一个世纪以前，斯蒂芬斯和加瑟伍德面对科潘的神秘赞叹不已；一个世纪以后，科潘仍然是一个谜，还有许多秘密等待人们去破解！

玛雅人消失之谜

在公元 600 年，整个玛雅民族离开了他们辛苦建筑的城池，舍弃了庙宇、金字塔和广场。玛雅文明开始走下坡路，征兆是不再雕刻石碑。危地马拉的提卡尔最后一块石碑完成于公元 869 年，整个玛雅地区最后一块石碑则完成于公元 909 年。不仅如此，神殿、宫殿等最足以代表玛雅文明的建筑也不再兴建，彩陶也不再制作，一般民众也很少兴建新房舍，城市四周的人口减少，考古学家估计当时的提卡尔人口，至少减少了 2.5％。

公元 10 世纪后，那里彻底变成了一片废墟，到底发生了什么重大变故，使得玛雅人抛弃了美丽的家园？由历史学家证实，玛雅人的城市既不毁于战火，也不毁于自然灾难，那它到底是怎么消失的呢？

据说玛雅人在公元 909 年的某一天，80％的人口突然莫名其妙地消失了，仅留下未建好的寺院。自当天起，玛雅人祖先的睿智也急速消失，残留下来的玛雅人开始变得无知与颓废。从 10 世纪初期开始至 1492 年发现美洲大陆的 600 年间，中美洲的居民深陷于因无知而起的战争深渊中。16 世纪西班牙人进入尤卡坦半岛之前，原来只有 1 种的玛雅语已经分化成 27 种方言。

在提卡尔遗址上，考古学家发现许多被覆盖于岩石及毁坏的拱形屋顶之下的坟墓，却未发现任何修复的迹象。附近神殿和宫殿的壁画也受到严重的破坏，石雕人像的脸部多半被削掉，石碑也被移作其他建筑的材料。可是有关 9 世纪时，丛林玛雅人的消灭，却至今都毫无线索可追寻。

考古学家还发掘出前后明显不同的制陶方式，当时的陶器不是突然放弃不再制作，而是改制比较薄而质地更为精细的陶器。但是，这种陶器在使用不久之后就被放弃了，原因可能与传统支配阶层崩溃对陶器的需求性消失有关，这反映了玛雅人当时或许已经处于外族的统治之下。

有学者推测，是因为城内粮食供给不足，建于丛林中的玛雅帝国，在发觉此地无法生存后，便做了一次种族大迁徙，来到齐干伊莎定居，又绵延两个世纪才灭亡。也有学者认为，玛雅帝国外受游牧民族的袭击，内部则因发生内乱，整个帝国在遭受巨变后溃退逃散，然而何以胜败两方面都走得无影无踪？没有人能够找到合理的答案。

　　考古学界对玛雅文明湮灭之谜，提出了许多假设，诸如外族入侵、人口爆炸、疾病、气候变化……这给玛雅文明涂上了浓厚神秘的色彩。为解开这个千古之谜，20世纪80年代末，一支包括考古学家、动物学家和营养学家在内的共45名学者组成的多学科考察队，踏遍了常有美洲虎和响尾蛇出没的危地马拉佩藤雨林地区。这支科考队用了6年时间对约200多处玛雅文明遗址进行了考察，认为玛雅文明是因争夺财富及权势的血腥内战，自相残杀而毁灭的。

　　玛雅人并非是传说中那样热爱和平的民族，相反，在公元300～700年这段全盛期，毗邻城邦的玛雅贵族们一直在进行着争权夺利的战争。玛雅人的战争充满了极端的恐怖，士兵用矛和棒作兵器，袭击其他城市，抓获俘虏并把他们交给祭司作为向神献祭的礼品，这种祭祀正是玛雅社会崇拜神灵的标志。

　　玛雅社会曾相当繁荣，农民垦殖畦田、梯田和沼泽水田，生产的粮食能供养激增的人口。工匠以燧石、骨角、贝壳制作艺术品，制作棉织品，雕刻石碑铭文，绘制陶器和壁画。但自公元7世纪中期开始，玛雅社会开始衰落了。随着政治联姻情况的增多，除长子外的其他王室兄弟受到排挤。一些王子离开家园去寻找新的城市，其余的人则留下来争夺继承权。原来的战争是为祭祀而战，这种"窝里斗"则变成了为争夺财富、权力而战，结果连续不断的残酷战争使城毁乡灭，最后只有10％的人幸存下来。

　　公元761年，杜斯•彼拉斯城的王宫覆灭可视为玛雅社会衰落的一个起点。杜斯•彼拉斯是方圆1500英里内的中心城邦，它遭到邻近托玛瑞弟托城来的敌人的攻击。一个装有13个8～55岁的男人的头颅的洞证明该城被攻占时遭到了斩草除根的大屠杀。8天后，在石头刻板上记录了如下的精确细节：胜利者举行了"终结典礼"，砸烂了王座、神庙和刻板。一些贵族逃到附近的阿瓜迪卡城，这是一个巨大裂缝环绕的天然要塞，他们在那里苟延残喘了40年，最后还是遭到了敌人攻击而灭亡。公元800年，阿瓜迪卡已是一座鬼魅游走的死城。公元820年以后，玛雅人舍弃了千年间建立了无数城市的雨林，再也没有返回这片文明的发源地。玛雅文化中的精华如象形文字、天文、历法等知识也消失殆尽。

除此之外，有人认为玛雅人的消失是由外星人运用大型宇宙飞船集中人力、物力进行突击性的运送来完成的一次星外大转移。有人根据玛雅人神秘的生活方式和来源，推测玛雅人神秘的消失，是一种有计划、有目的、有步骤、有安排的移民行动，而迁移的处所则是地球外的另一个星球。

现在，仍有将近 200 万玛雅人生活在祖先的土地上，使用着近二十多种玛雅语，然而他们对过去的历史几乎一无所知。

第二节　中南美洲其他古文明

奥尔梅克文明之谜

人们一度认为，玛雅文明是中美洲最古老的文明，但墨西哥各地许多风格各异的石制、陶制、玉制的雕像，使人们隐隐觉得还有一个更古老的传统。这些雕像大多有厚厚的黄种人嘴唇，扁平的鼻子，还带着一个奇怪的张嘴咆哮的表情，好像一个即将号啕大哭的婴儿的脸。有些婴儿更是青面獠牙，三分像人，七分似虎，这些雕像出土最多的是在墨西哥湾海岸。这些考古发现证实了在玛雅文明之前，有一种更为古老的文明曾经长期存在，这就是奥尔梅克文明，或许它就是玛雅文明之母。

奥尔梅克地区本是墨西哥海湾附近的低湿沼泽地带，水草丰美，湖泊众多，从公元前 1200 年左右该地区村落密集，人口越来越多，过着原始社会的氏族公社生活。到了公元前 1000 年左右，最早的奴隶制国家出现了，族长、首领等上层人物都是奴隶主，战争俘虏变成了奴隶，他们有的种田、当仆役，有的被当做祭品杀掉取出心脏祭祀神灵。

奥尔梅克文明还没有文字的出现，但它创造了大量的建筑和雕塑作品。这从考古学家挖掘出来的废墟上可以略见端倪：虽然许多细部的精美的装饰都湮没不见了，但是它们的规模仍然惊人。拉文塔的中心就是一个方圆 5 平方千米的土台，台上建有各类宗教建筑。拉文塔的工匠师们独出心裁地建造起南北两组中心建筑群，南面是考古学家称为"卫城"的高台，东西宽 220 米，南北长 180 米，在它的旁边排着几条长 180 米却只有 45 米的宽的条形高台，高台之上有神庙、祭台等建筑。北面的建筑群更为宏伟，有美洲文明最有特色的神庙形式——金字塔神庙，又可以称之为塔庙。塔庙之宏伟，令人瞠目，绕塔走一圈有 400 米，高 32 米以上，顶上还有两层楼高的神殿。它的北面有两个规整的庭院按塔的中轴前后排列。

奥尔梅克文明最突出的特征是高约 2.4 米的玄武岩头像。拉文塔的最著名的一个头像先存于比利亚埃尔莫萨的奥尔梅克公园。它重达 30 多吨，高有 2.5 米以上。除此外，其雕刻品中还包括祭台，饰有浮雕的独块巨石台，整块巨石棺和葬礼用的柱石，上面刻有图画和文字。

奥尔梅克文明自始至终贯穿一个主题——美洲虎。在雕刻品中，美洲虎是主要的题材和生成基因。有时虎与人各不相干，有时人虎杂糅似虎非虎似人非人，名为"虎人"。在热带雨林里，美洲虎对只靠石尖短矛护身的印第安人来说，无疑是真正的洪水猛兽。奥尔梅克人全心全意拜服在它的脚下，把它视为力量和权力的化身。后来，人的意识萌芽了，他们把简单的信仰改造成一种超自然的生物，美洲虎和人就人兽合一，部分是人部分是兽。中国原始图腾也有同样的思维路径，早期的各色动物拼凑出龙、凤，接着人面蛇身的伏羲、女娲出现了。

第四章　美洲古文明

奥尔梅克人可能没有外援，独立发展自己的文化。现有的证据证实了它的独立的身影，没有受到外来文化的丝毫干扰。差不多同时的秘鲁北部和中部的查文文化却出现了相似的因素：美洲虎或虎人的图腾。这就不是巧合。在墨西哥太平洋海岸的古里诺州，曾出土若干奥尔梅克式的雕像。由此，米格尔·科华路比亚斯推测奥尔梅克文明可能是由此发源和影响的。如果这一推断是真的，奥尔梅克文明离亚洲的祖先就更接近了。

奥尔梅克人发明了宗教领袖制度。这个制度是所有中美文明的支柱。他们的城市拉文塔，没有人类居住的痕迹，纯粹是个宗教仪礼中心。居住在广大地区的人民，定期前往礼拜、献祭和修缮。拉文塔的祭司权力高尚，衣食无忧。大约在 400 年里，他们一直流行着一种风俗：埋葬用玉和石制造的图案及祭品。面积约2 平方千米的岛上根本没有石块，那些坚硬的玄武岩最近也得在40 千米外才可找到。采石、运石、雕刻，奥尔梅克人的生活是艰辛的。一代代奥尔梅克人尊奉神灵，却无力改变自己的命运。难怪人们发现，雕刻中他们面目迟钝，神情死寂，麻木愚钝，一副听天由命，任人宰割的无奈之相。生而如此，死又何憾？这些都展示了奥尔梅克那催人悲怆的一页。

美洲大陆的奥尔梅克文明不仅年代最早，而且它开创的各种传统都为日后的中美洲各个文明继承下来。这些传统有神权政治、金字塔神庙、美洲虎崇拜、玉文化等，还有数字系统、天文历法、宗教神学和神话故事等。另外，他们重视可可豆，尤其珍爱凤鸟的羽毛，这些传统也都传给了玛雅文明。

奥尔梅克的原意就是"橡胶之乡"，橡胶是它的特产，而用橡胶做成的垒球般大小的实心皮球也是奥尔梅克的首创。但是，这种球赛并非一般的娱乐活动，而是以生命为代价的最隆重的宗教仪式。得胜的队尽享荣誉，而失败的队就要以队长的头颅来祭祀神灵。球场旁边就有一个骷髅台，上面存放着历届比赛失败的球队队长献出的头颅。直到许多年以后，这种习俗才改为以雕像代替。不过，献出生命的球员也会被当成敬神的英雄来看待。

当公元 3 世纪以后，奥尔梅克文明本身逐渐衰落，玛雅人从他们手中接过了文明的火把，并使它进一步发扬光大了。

米格尔·科华路比亚斯曾经说过："现在毫无疑问的是，中美洲所有后来的文明，无论是墨西哥文明，还是玛雅文明，归根结底都是建立在奥尔梅克文明的基石之上。"人们已经取得了一致的共识，奥尔梅克文明是中美文化的摇篮，是玛雅文明之母。

阿兹特克的崛起之谜

阿兹特克文明是古代美洲文明之一，它和奥尔梅克文明、玛雅文明等都是人类文明的组成部分。阿兹特克文明是古代墨西哥文化舞台上最后出现的一个阿兹特克遗址角色，由阿兹特克人所创造。阿兹特克人又名墨西卡人、特诺奇人，语言属纳瓦语系，他们是美洲原始居民之一。阿兹特克帝国的发展，具有很多神秘的色彩。

阿兹特克人是游牧民族，他们从一个落后的游牧民族，最后建立了强大的帝国，创建了高度繁荣的文明。但是这种文明的发展速度要比古埃及等其他古老文明快速得多，它的崛起仿佛就是一个巨大的谜团，据说这要归因于至高无上的神惠茨罗伯底里，那是阿兹特克人崇拜的大地之神，后来阿兹特克人将其演变为好战的凶恶之神；此神竟然让阿兹特克人吃人肉，而且允许女人通奸，并霸道地规定按期为他举行人祭仪式。同时，他还授意人们去追寻这样一个地方：一只雄鹰栖息在仙人掌上，爪子下踩着毒蛇，它撕咬着猎物并尖声嘶叫着！

阿兹特克人的渊源，根据他们自己的说法，大概是其祖先最先生活在阿兹特兰，阿兹特克据此得名。阿兹特克人的祖先过着平静的生活，后来神的旨意让他们离开那个地方，于是阿兹特克人开始了漫长的漂泊流浪生涯。据说他们是从"一把石刀"那一年，即大约公元1116年离开阿兹特兰的。

阿兹特克大迁徙中的第一次暂停是要参拜他们崇拜的大地之神惠茨罗伯底里，结果他们的神指示阿兹特克人继续前行，于是与8个部落结伴又继续飘零。他们来到一个物产丰富的地方，那里有一颗神树，于是人们兴高采烈地停留下来进行庆祝，结果神树被劈开两半了！在阿兹特克的古老传说中，这意味着他们不得不离开这片新发现的乐土！此后，阿兹特克人与其他8个部落分头迁徙，独自走上漫漫长征路。

不知道什么原因让阿兹特克人所到之地都不受欢迎，12世纪中后期，他们在广漠的墨西哥高原上不停地找寻自己的落脚地，历经几代人的努力，多次与沿途部落发生冲突。他们来到了泰兹库湖，发现那里的泉眼日夜不停地流淌着甘澈的泉水，但随着阿兹特克人的到来，泰兹库湖就不再平静。阿兹特克人似乎就是要承受更多的苦难，最后他们还是被当地人赶走了。

1319 年，身心疲惫、困顿的阿兹特克人意外地被当地一支印第安部落接纳了，他们大概看中了阿兹特克人在祭祀上的残忍方式，于是收留他们的条件就是阿兹特克人要成为其雇佣军。为了获得安身之地，阿兹特克人一口答应，由此获得了一块仅能维持生存的土地，这片土地是毒蛇的巢穴，是黑暗角落中最危险的地方，不知道什么原因使印第安人满心指望阿兹特克人在那里灭亡，但是阿兹特克人却凭借着骁勇善战消灭了毒蛇而顽强地生存了下来！

这个时候，阿兹特克人崇拜的神发出了旨意：不要听任当地人的摆布了，你们要成为自己的主人！于是在神的帮助下，阿兹特克人请酋长的女儿来神灵面前作客，结果却扒下了她的皮披在了一名祭司身上！当酋长赶来神殿焚香膜拜时，却发现了祭司身上女儿的皮，酋长勃然大怒，将阿兹特克人赶到泰兹库湖的小岛上，阿兹特克人顿时沮丧到了极点，摆在面前的不仅是迷茫，而且是一种无助的绝望！正在这个时候，他们发现了仙人掌上伫立着的雄鹰，而且爪子抓住一条毒蛇，雄鹰在撕咬着毒蛇，不时发出刺耳的叫声！这就是神赐的乐园，也是阿兹特克人由此不断走向强大的发祥地。

此后，阿兹特克人开始了对周边部落的武力征服，很快他们就成为墨西哥高原上的统治者，他们也希望改变自己的出身，希望有高贵的血统。所以，阿兹特克人不顾一切地去创造自己的高贵血统，他们"引进"了墨西哥高原上一个贵族——托勒特克族的王子，并让他同 20 余名阿兹特克女人同房，生下他们梦寐以求的有"贵族血统"的后代，这一戏剧性的闹剧扭转了他们以往落魄的历史，摇身一变成为高贵的民族了！

作为美洲四大印第安古代文明之一的阿兹特克文明，它的崛起引起了人们的兴趣。自 20 世纪 20 年代起，墨西哥国内外一直对这一古代文明进行复原研究，不断有研究报告、论文和专著问世。至 20 世纪 70 年代，阿兹特克文明的大致面目已被学者们较好地勾画出来，虽然它的崛起多少充满了神话色彩，但是对于创造了辉煌而又一时难以解释清楚的阿兹特克文明来说，神话不就是最好的解释么？

世界中心特诺奇蒂特兰

在特诺奇蒂特兰之前也曾有许多古老的城市湮没于历史的长河之中，但其中或许没有任何一个城市像它那样，因遭受突如其来的灾祸而迅速灭亡，而且被后来的人们彻底遗忘了。它是一座建立在岛屿上的坚固城堡，城中的君主统治着群山环绕的墨西哥高原的每一个角落，它的辉煌代表了对这 3000 平方英里（1 平方英里＝2.6 平方千米）疆域长达几百年的统治的最高文明。

阿兹特克人流浪了几个世纪，终于在特诺奇蒂特兰定居下来，并将这里作为自己的首都。特诺奇蒂特兰的意思是长着多刺的仙人球的地方。在今天的墨西哥国旗上也可以看到这一标志的踪影——一只嘴里叼着蛇的雄鹰。阿兹特克人在这里大兴土木，城市繁盛一时。

墨西哥城的前身最早是土著的阿兹特克人的首都特诺奇蒂特兰，从 1325 到 1521 年，这里是阿兹特克部族的聚居地。早期的阿兹特克人生活在今墨西哥北部，是以狩猎为生的游牧民族，讲纳瓦特尔语，称自己为墨西哥人。特诺奇蒂特兰在印第安语中的意思为"石头上的仙人掌"。

早期的阿兹特克人将一个个浮岛连接成片，不断地扩大特诺奇蒂特兰城的规模，后来又修筑了一条长 16 千米的跨湖大坝。公元 1400 年时，阿兹特克人已经把这个地方发展成为一个非常强大的城市，即特诺奇蒂特兰城。1440～1469 年，阿兹特克帝国在蒙提祖玛一世统治下疆域迅速扩展，征服了东部和南部的大片区域，15 世纪末，阿兹特克帝国进入了鼎盛时期，首都特诺奇蒂特兰城人口近 25 万。

1519 年 4 月，西班牙殖民者科尔特斯带领他的 600 名士兵和

16匹战马在墨西哥海岸登陆，仅仅几个月就把这个伟大帝国的国王蒙提祖玛二世变成了自己的傀儡。特诺奇蒂特兰在入侵者的烧杀戮掠下成为一片废墟。尽管如此，当年那些意欲毁灭特诺奇蒂特兰的西班牙人对这座城市大加赞赏，因为它比当时许多欧洲的城市都要壮观得多。他们当中一些见多识广的人也认为，就是罗马和君士坦丁堡也不及特诺奇蒂特兰那样壮观和宏伟。在大片植被被破坏的欧洲，城市的占地面积却小得可怜，城市建筑也带有中世纪封建束缚的风格，缺乏开阔奔放的气派。欧洲各国中当时只有伦敦、罗马和威尼斯三个城市才有资格吹嘘自己拥有接近10万的居民，塞维利亚据估计有6万居民，在当时西班牙的所有城市中，只有它的占地面积接近特诺奇蒂特兰，而后者却养育了大约20万居民，这一对比肯定会使当时的西班牙人感到不快——一个在《圣经》中都从未被提到过的异教民族，居然建成了一座令所有基督教城市都为之黯然失色的繁华都市。

被尊称为"墨西哥考古学之父"的伽玛认为，阿兹特克人是天才的建筑师，他们用原始的石制工具建造出了许多富丽堂皇的建筑，他们凭借丰富的想象力和精湛的技艺在石头上雕刻出精美的装饰图案和神态各异的雕像，不仅如此，阿兹特克人在对使用拱顶的原理来对建筑物进行封顶的方法一无所知的情况下，建成了许多全部用石柱支撑房顶的宏伟建筑。同时阿兹特克人在城市布局方面也独具匠心。整个特诺奇蒂特兰被两条纵横交错的主要街道整齐地划分为四个部分，正中是宽阔平整的中央广场。城中高大壮观的神殿和豪宅、整洁的棋盘式街巷和河道里穿梭往来的独木舟，这一切都曾令科尔特斯艳羡不已。

蒙提祖玛二世的皇宫更是令人叹为观止。宫中到处可见精心织造的绚丽多彩的地毯和布帘，四壁都用浅浮雕装饰着，为了防止下人看见皇上进膳时的样子，还专门设置了一扇金制屏风挡住他们的视线。宫中的一切陈设都极尽奢华之能事，据科尔特斯讲，连雪松木制成的柱子上都雕满了花鸟虫鱼。西班牙人还参观了专供皇帝一人赏玩的庞大的皇家园林。在那里可以看到几乎所有中南美洲的野生动物，其中包括成群的貘、美洲豹和养在坛子里的响尾蛇，园中还有一个大型的鸟舍和众多花园。

根据科尔特斯写给查尔斯五世的第二封信中介绍，特诺奇蒂特兰"有两个湖泊，一个淡水湖，另一个面积稍大，是咸水湖。湖边的居民出行时均以舟代步，皆不受陆地上奔波劳顿之苦"。接着，他描述了城里的道路与交通状况，从任何一个方向上进入特诺奇蒂特兰的人，都会发现整个城市被从中间分成了两大块，这是因为它四面都有一个入口通向城中宽阔笔直的主要街道。连接路口与湖岸的是 4 条人工修建的堤道，这些堤道约有 2 根衔接起来的短矛那么宽。城中的主要街道笔直而宽阔，其中一部分是土石混合路面，其他的通行道路一半是水道，方便小舟来往，另一半则是土石铺就的半硬化路面，沿着水道前行，不时可以看见连接水道两岸的小桥，在一些较宽的水道上则架起了坚固的造型讲究的大桥，其中许多大桥可以容纳 10 匹马并行。

阿兹特克人认为他们的首都不仅是帝国的中心，更是全世界的中心位置所在。坐落于首都核心位置的便是他们的宗教圣地——金字塔状的大寺庙，那里每天都上演着血腥的宗教仪式，两列长长的台阶分别通向太阳与战争之神惠茨罗伯底里和雨神泰拉洛克的神殿，祭司们就是在这里举行人祭仪式的。大寺庙高 150 英尺，俯瞰着城中纵横交错、繁华忙碌的水道和大街。尽管科尔特斯对阿兹特克人的迷信传统十分厌恶，但他仍不由得深深地叹服于阿兹特克人的建筑成就——那些供奉神灵的高大庙宇，那些供祭司们居住的豪宅。对于那些宗教建筑群，科尔特斯几乎找不到合适的词语来表达自己由衷的赞叹——"这个宏伟的宗教中心被一道围墙围住，里面大到足以容纳 500 人生活和工作。这里面至少有 40 座金字塔状的建筑物，建造技巧极为精湛。寺庙里的殿堂和走廊宽敞、高大而华丽。最高的大寺庙得走上 50 级台阶，才能到达其主体部分。它的高度超过了塞维利亚大教堂的塔尖。神殿中的石壁都经过精心的雕琢和打磨。木器则被刻上神态各异的鬼神形象和艳丽的图案。"

金字塔旁边那座圆形的神殿属于长着羽毛的蛇神，这座神殿的前方是一排排摆放头骨的架子。阿兹特克人拿活人做祭品，把他们的头颅割下来，一排排整齐摆放在神殿的架子上。据估算，那些架子上密密匝匝地摆放了几万个头颅。而当时另外两个西班牙人在清点之后说，总共有 36000 个头颅摆放在那里。有些只剩下惨白的颅骨，有些正在腐烂，有些则仍在淌着鲜血。

1519 年，由科尔特斯领导的西班牙侵略军发动了对特诺奇蒂特兰的征服战争。根据西班牙人的记载，蒙提祖玛二世被自己的人民用石头砸死；而根据印第安人的历史，他是被西班牙人勒死的。蒙提祖玛二世死后，奎特拉华克继承王位，但一个月后就死于天花。最后一位酋长是库奥特莫克，他组织了特诺奇蒂特兰的保卫战，4 年后被西班牙人绞死。

西班牙人的入侵，使强大的阿兹特克帝国很快地结束了它的盛世，特诺奇蒂特兰城遭到严重破坏，瞬间成为废墟。西班牙人甚至纵火烧毁了这座城，然后又在它那冒有余烟的废墟上、在阿兹特克人中心祭坛上建立了宪法广场，1535 年，特诺奇蒂特兰被定为新西班牙总督辖区的首府。

1978 年 2 月 21 日，墨西哥城的一个电力工人在挖掘电缆通道时，发现了一块很大的圆盘石雕，石雕用玄武岩制成，雕刻精美但图案吓人，上面雕刻的是一位女神被大卸八块的情景。发现石雕的地方到底隐藏着什么秘密呢？

这位被截肢了的女神，见证了墨西哥城就是建立在阿兹特克人首都原址之上的历史。墨西哥的考古学家，在弄清楚"她"的来龙去脉后，发现了举世闻名的大神庙，这到底是怎么回事呢？他们的发源地到底在什么地方？所有关于阿兹特克这个民族的起源，都只能明确追溯到 13 世纪初。那么，它到底起源于北方的哪个地方呢？这些问题对考古学家来说，是至今悬而未决的谜。

在墨西哥发现的古抄本中，阿兹特克人记载了自己的历史，有具体的日期、地点和一切重要事件。在一幅插图中，有一批来自一座小岛的阿兹特克人正在横渡大湖。有人认为，这个叫做"阿兹特兰"的神秘地方位于今墨西哥的墨斯卡系蒂坦岛。

一位研究中美洲历史的学者指出，13 世纪初，在阿兹特克国家开始形成的时期，正处于同一个种族系统的部落集团相互征战的混乱年代，但是，所有这些集团都有一个共同的起源地。据一个神话传说，这个起源地叫做"奇科莫斯托克"，意思是"七洞穴"或"母亲之地"，位于库卢亚坎。据推测，该地位于今墨西哥的尤里里亚、瓜纳华托附近。墨西哥一位考古学家认为，"阿兹特兰"地区是阿兹特克人的起源地，但是并不在今墨西哥境内，而是在美国的加利福尼亚州，或新墨西哥州，或佛罗里达州，甚至可能在亚洲。

有关维特兹洛波奇特利这位神灵，也极具传奇色彩，他的母亲为女祭司，还有一个姐姐叫科约尔哈乌基。有一天，他的母亲去打扫神庙，一团羽毛从天而降，使她怀上了维特兹洛波奇特利，维特兹洛波奇特利生来就是个力大无比的勇士，他用一条火蛇刺穿了姐姐科约尔哈乌基，然后砍下了她的头。后来，他杀死了一个敌人的首领，将这个敌人的心脏扔进了湖边的沼泽地里，并在那里建造了一座大神庙和特诺奇蒂特兰城。

在现存的各种历史文献中，关于阿兹特克人迁移出"阿兹特兰"抵达图拉这一历史阶段的记叙非常模糊，人们就难以断定其起源地的确凿地点。而且在记叙阿兹特克人起源的不少文献中，往往历史事实和神话传说混杂在一起，更难寻找到他们的起源地。

今天拥有 1300 万人口的世界大城市——墨西哥城，就建在昔日繁荣昌盛的阿兹特克帝国首都特诺奇蒂特兰的遗址上。为了保护这个伟大古国的遗址，墨西哥政府已把附近 5000 平方米地区划为保存区。

墨西哥政府展开大规模的考古发掘，他们拆除了墨西哥城中心 5000 平方米范围内的 7 座建筑物。1982 年，经过 3 年的努力，特诺奇蒂特兰辉煌的建筑，在沉睡了 460 年后，终于重见天日。大神庙为方形，基座边长 90 米，高 55 米，最早时可能总共为 7 层。神庙的主殿坐东朝西，建在一个巨大的平台上，基座由四部分组成，其中包括分别通往两个殿堂的两道阶梯。南边殿堂供奉战争保护神维特兹洛波奇特利，北边的殿堂则供奉雨、水和丰产之神特拉洛克。

考古学家从大神庙中发掘出六层台子，人们据此推断，塔的第一层始建于 1325 年，可能是在为特诺奇蒂特兰城奠基时而建筑的，落成于 1390 年。第二层的年代大约在 1390 年，有着保存状况最好的圣殿，但塔顶原有的神庙现已不复存在。

在维特兹洛波奇特利神庙前方，有一块楔形石头。有人猜测它被用来将人或牲畜的胸腔压挤成拱形，假如果真如此，那么这块石头也许说明古代的阿兹特克人曾在这座神庙前举行过祭祀仪式。

在后来的发掘中，人们在大神庙的里面和周围的地下室中发现了 100 多个贮藏室，不但发掘出土文物 6000 余件，包括雕刻精美的有角神像、翎毛装饰的石雕蟒蛇像、陶器、珠宝饰物，还发掘出了一些畸形的头盖骨、祭神的人畜骸骨等，这些骸骨令人联想到了阿兹特克石盘和他们那鲜血淋淋的祭祀。很多人好奇，当初的阿兹特克人为了庆祝这座大神庙的落成，又采取了什么样的庆祝仪式呢？

考古发现，阿兹特克人建好大神庙后，每一位国王都在前一位国王所建层级上再增建一层，以表示他们对神的虔诚。据历史记载，大约在公元 1487 年，阿兹特克王国的一位国王为了庆祝他所增建的大神庙的新工程竣工，便召集来全国的囚犯，命令他们排成 4 行，捆绑着从祭司面前走过，祭司们大开杀戒，花了 4 天 4 夜的时间才把这些囚犯全部杀死。据统计，仅是这一场祭祀仪式，就有好几万名囚犯被杀，其中大概用了 2 万颗人的心脏祭神。

阿兹特克人相信宇宙是以"大循环"的方式运转的。他们认为，自从创世纪以来，宇宙已经历过 4 个这样的循环周期。根据他们的说法，当时正值人类进入"第五太阳纪"，但又无法确定末日何时来临。阿兹特克人相信太阳也会死的，因此必须每天给它喂食，会有一个精灵从天空降下，抓住那颗心脏的灵魂送给太阳吃下去，这样才能延缓世界末日的来临。所以阿兹特克人近乎疯狂地举行杀人祭神的仪式，延缓这场即将来临的灾祸。

特诺奇蒂特兰这座古城是阿兹特克人历史的百科式的缩影，每一个角落都能向人们讲述一段完整的故事。

墨西哥城出土的文物唤醒了人们对于淡忘已久的阿兹特克古

帝国的回忆，全世界都为特诺奇蒂特兰这个伟大辉煌的城市而震惊。

令人激动的是，它的面纱就要被解开时却总是制造很多意想不到的悬念，也许这就是它总能吸引人、充满魅力的地方吧。

特奥蒂瓦坎之谜

阿兹特克时期的特奥蒂瓦坎如今已经只剩下断壁残垣了，这座被阿兹特克人认为是诸神墓地的地方，是墨西哥高原上最为古老的文明之一。它建成于公元前1000年左右，而这一时期在欧洲还要过250年才会出现罗马文明；古埃及时代正经历着二十一王朝时期；古希腊正处于古典海伦时期，由此可见特奥蒂瓦坎的年代久远。考古学家证实，这座古城经过5次建设，在公元600年左右的时候最为繁荣，人口大概有20万。

女考古学家劳瑞特·泽约涅经过多年的发掘研究，指出特奥蒂瓦坎是一种高度发达的文明形态，但是在当时的背景下，为什么会有这样的智慧和周详的城市规划，还是难解的谜。因为人们对这座古城的设计者毫不知情，只能用城市的名字称呼他们为特奥蒂瓦坎人。

现代人对特奥蒂瓦坎的城市设计叹为观止，这座古城在开始建造的时候就有了很成熟很完备的方案，以至于此后的1000余年中无论怎么扩建都能经受住考验，而今天的城市管理建设如果能够有这么长远的规划，恐怕是可望不可即的事情。

特奥蒂瓦坎的典型建筑之一是金字塔。其中月亮神金字塔建在44米的高度上，呈梯形，塔的基座相当于两个运动场那么大，共有5个中心走廊，中间的台阶通往最高处平台，平台上就是闪耀着金光的神像。月亮神左边就是闻名的太阳神金字塔，比月亮神金字塔还要高20多米，不知道这是否与阿兹特克人的太阳神崇拜有关联。太阳神金字塔用了大概100万吨的黏土和石料，比埃及胡夫金字塔还要大。塔顶原来有一座金银铸就的神像，但后来在西班牙占领时期，被墨西哥第一任大主教于安·德·祖玛拉戈熔掉了！

另外一个典型的建筑是魁扎尔科亚特尔神神庙。在神庙周围的系列建筑构成一座庞大的城堡，四周边长约 400 米，从考古遗址推断神庙东西处各有四座金字塔，不过现在已经看不到了！神庙的花纹石雕很有特色：顺着花纹羽蛇在游走；神庙墙角也趴着巨型羽蛇。神庙外墙上雕刻着许多羽蛇神和雨神的头像，据说在阿兹特克人的信仰中羽蛇神象征着水气相融、天地一体，也就预示着好收成，这些显然是和阿兹特克人的农业生产息息相关的。

特奥蒂瓦坎的另一特别之处就是"冥街"，这条长 3000 米、宽 40 米的豪华大道，总给人一种毛骨悚然的感觉。其尽头就是月亮神金字塔，两侧有神庙平台各种小型金字塔。对于它名称的由来，一种说法是，因为大军经过时，满目荒凉，只有一个紧挨一个的菱形高台，疑为座座坟墓。还有一种观点认为，当奴隶被送上金字塔祭祀时，都是从此路走向死亡的，因此称为"冥街"。

从出土的大量陶器来看，特奥蒂瓦坎人比较喜欢红、黄两种颜色。在冥街两侧的神庙平台和金字塔后面有一些建筑群，据说那里是特奥蒂瓦坎人的居住区。从考古发掘来看，整个城市分为一些工业区，比如陶作坊、石雕作坊、纺织作坊。出土的 30 多间房屋组成了一个居住区，周围似乎有比较完善的配套设施，比如小型的教堂、神庙和地下排水道等。

对于特奥蒂瓦坎的设计，也有人认为是石器时代人类设计的，这样一座可谓构思缜密、设计完美、建筑精良的古代城市，石器时代的人又是如何建造的呢？而且，冥街逐级升高处就是台阶和各种平台建筑，最后却与巨型金字塔分毫不差地融为一体，试想这样的杰作，真的是石器时代所能完成的作品么？

纳斯卡巨画之谜

纳斯卡位于秘鲁伊卡省的东南部，它本是一个名不见经传的小镇，但是到 20 世纪中叶这儿却热闹起来。根据历史资料表明，纳斯卡繁盛时期在公元前 200 年到公元 650 年间，其文化遗址位于今秘鲁首都利马东南。在纳斯卡平原上，有一处令人难以理解的奇迹。在方圆 50 平方千米内，用卵石砌成的线条纵横其间，勾画出巨大的鸟兽和各种准确的几何图形，从高空中看就好像是用巨人的手指画出来的。

1939年，保罗·科孛克博士驾驶着运动飞机，沿着古代引水系统的路线，飞过纳斯卡平原。突然，他看到平原上有一个巨大神奇的、好像是平行跑道似的直线图案，它有着明显的起始点和终止点。科孛克博士又一次仔细地观察这些巨大的图形，惊叹地说："我发现了世界最大的天文书籍。"

纳斯卡谷地布满了深度约为0.9米而宽度不一的"沟槽"，有的宽达数米，有的不超过0.15米。这些沟槽的形状和走向也十分奇特，所组成的线条平直而有规则。纵横交错的线条有点像今天的机场跑道和标志线，跑道有的长达2.5千米。所有的线条都极为挺直，而且转角、交叉处的棱角都很清楚。这些线条在越过峡谷或横贯小丘时，方向也从不变更。有些线条每隔500米就有一处残存的类似哨所或嘹望台的废墟。还有一个人形图案，是一个典型的印第安人的形象。只有一头两手，一手有5指，另一手则只有4指，画长约50米。有一幅一只大鹏的图形，其翼长50米，身长300米。另一幅章鱼图形，长65米，腹底还插着一把长刀。

这个惊人的发现，很快在世界各地引起巨大的反响。考古学家和科学家们接踵而来，特别是德国天文学家玛丽亚·赖希小姐，她不仅被这些神秘的图案所吸引，更为此献出了她毕生的精力。赖希小姐从这片平原认出了数百个三角形、四角形和平行的跑道。她发现有很多又长又宽的条纹，像道路、方格、圆圈、螺纹。还有好多不可名状的像是某些植物的图案，只不过植物的具体形态也被省去，只剩下简练的线条。

俄罗斯科学院的列昂尼德·克桑福马利季对这个神秘平原也充满了兴趣，据他说，高地上有人画了1.8万条线条，这些线条宽从5厘米到几十米。它们是怎样被画上去的？纳斯卡平原是个多石高地，但走线的地方，石头好像被粉碎成晶莹的沙砾。这些线条即使在被地貌扭曲的情况下，从空中的某一个观察点看去也是直的。

纳斯卡沙漠上的图画都用同一方法绘制：刮去沙漠赤色砾石

第四章　美洲古文明

古老文明

表层，露出下面的淡黄岩石。从痕迹来看，这些线条都是用手工刮的、没有使用牲畜作为劳力。不论绘什么图形、大小或主题，每幅画都以连续不断的单线画成。线条之所以画得很直，看来很可能是靠着一连串杆子，以肉眼校准后画成。但令人难解的是，有些长逾8千米的直线，每千米偏差不到2米，画线的人怎样在这样长的距离，仍可把线校得那么直呢？

这些图案中，有一幅著名的蜘蛛图。这只50码长的蜘蛛，以一条单线砌成，是纳斯卡最动人的动物图形之一，有人推测这幅图可能是某个特权阶层的图腾。图形中的蜘蛛可能与预卜未来的仪式有关，但也可能是纳斯卡人崇拜的星座之一。

另一幅有名的图案就是鸟图，在纳斯卡荒原上砌着18个这种鸟图。这种鸟图尺寸非常巨大，长30～40码不等。一条近4英里的太阳准线，穿过这幅宏大的鸟图中140码长的翼展。在纳斯卡出土的部分陶器上，也发现有类似的鸟。奇怪的是，在皮斯科海湾附近一座光秃秃的山脊上，刻着一个巨大的三叉戟战机图案。而当时印第安人却从未见过三叉戟图，这又是怎么回事？

构成这些图案线条的是一层浅色卵石，据专家计算，每砌成一条线条就需要搬运几吨重的小石头，而图案线条中那精确无误的位置又决定了制作者必须依照精心计算好的设计图才能进行，并复制成原来的图样。而当时的纳斯卡居民尚处于原始社会，那么这些巨画是怎样制作出来的？玛丽亚·赖希认为，古代居民可以先用设计图制作模型，然后把模型分成若干部分，最后按比例把各部分复制在地面上。另一些人则认为，这些巨画是按照空中的投影在地面上制作的。这样解释虽能比较直接地解决设计和计算的困难，但却引出了更多的疑难，古代纳斯卡人不可能掌握飞行技术，那么又是谁在空中进行投影呢？

巨画制作方法有不同解释，这是个令全世界考古学家都困惑不解的难题。有人说，纳斯卡平原的直线与某种天文历法有关，因为这些图形中有几条直线级其准确地指向黄道上的夏至点。也有人说，图案中某些动植物图形是某些星座变形的复制品，某些长短不一、形状各异的线条，则是星辰运行的轨道。还有一种观

178

点认为，根据美国航天飞机拍下的图片，在百万米高的太空中即可看到纳斯卡巨画的线条，而只有从 300 米以上高空中才能看清这些巨画的全貌，因此巨画只能是从空中向下观看它的人所绘制的。而在遥远的古代，有谁能从高空或太空中观看这些巨画呢？以《众神之车》的作者冯·丹尼肯为代表的一些人认为，这是天外来客光临地球时在他们的降临地建起的跑道。但也有人指出，从现代航天技术看，航天飞机是不需要跑道的。

纳斯卡平原贫瘠而又荒凉，而那些神秘的图形历时 1500 年却依然完整无损。这里的土著居民社会发展程度十分低下，有些领域至今还停留在石器时代。这与巨画所表现出来的高度的设计、测量和计算能力，以及对几何图形的认识程度，无论如何都难以联系在一起。

第三节　辉煌一时的印加文明

"新世界的罗马"——印加帝国

印加文明是在南美洲西部、中安第斯山区发展起来的又一著名的印第安古代文明。印加为其最高统治者的尊号，意为太阳之子。随着南美考古研究的不断发展，人们逐渐揭开了古老印加文明的神秘面纱。这个曾辉煌一时的文明中心不是偶然出现的，而是长期农业文明发展的结晶和升华。

印加人原为印第安人中克丘亚人的一支，居住在秘鲁南部高原，以狩猎为生。公元 6 世纪时，安第斯山区和沿海地带大约共生活着 100 多个部落，其中最主要的有 4 个：艾马拉、莫契卡、普基那和克丘亚。普基那和艾马拉部落活跃在的的喀喀湖周围地区，莫契卡部落则占据了秘鲁沿海北部地区。与它们相比，居住在库斯科谷地的克丘亚部落无疑是十分原始的，然而这个不甘落后的部族很快就吸收了其他文化中心所取得的成就，从而迅速发展起来，萌生了印加文化之源。

到了公元 13 世纪，克丘亚部落群中的印加部落开始崛起，建立了奴隶制国家。印加国家由大酋长统治，它与周围的部落和国家进行着和平的产品互换和社会交往。随着国势日益强大，印加国家开始谱写自己的征服史。

据说，印加王国大酋长曼科·卡帕克带领军队，穿过利利奥高原，征服了科利亚人，最先占有了库斯科谷地；迈塔·卡帕克率军渡过阿普里马克河，到达了今天秘鲁的莫克瓜和阿雷帕；此后的卡帕克·尤潘基是个英勇的武士，他率众到达了今天的玻利维亚，控制了沿海的纳斯卡人。

1438 年，帕查库蒂（又称作帕查库特克）上台执政。这位印加王国史上最有名的君主是第九位统治者。他勇猛善战，对外进行大肆扩张，因此屡建奇功。特别是他率军征服了阿班凯，消灭了昌卡族入侵

马丘比丘遗址

印加国家的基地，此役取得了决定性的胜利，为印加王国走出库斯科谷地并向安第斯山区扩张扫清了道路。据说，在这次征服活动中，帕查库蒂被敌人砍去了一只耳朵，他嫌一只耳朵难看，便命令工匠打造了一个金耳壳戴上。后来他又觉得独自如此，过于显眼，于是便下令所有贵族都必须戴上金耳壳。在战胜了昌卡部落后，他又率军征服了卡哈马卡、纳斯卡、利马和奇穆等地区。他的南征北战使印加的疆域版图不断扩大，最终完成从早期奴隶制王国向帝国的过渡。继帕查库蒂之后，印加王卡帕克·尤潘基开始向北扩张，占领了基多，向南推进到了今天智利中部的毛莱河。

经过近百年的征战，印加各个部落征服了整个安第斯山脉中部地区的各个部落，建立了幅员辽阔的中央集权帝国。16世纪初的印加帝国以秘鲁为中心，向北包括厄瓜多尔的大部分、玻利维亚的大部分和阿根廷的西北部，向南到达智利中部的毛莱河，东达亚马逊河丛林地区，西濒太平洋，面积200多万平方千米，人口600万以上。由于印加帝国是美洲空前强大的帝国，被后人称之为"新世界的罗马"。因此，印加人也就成了"新世界的罗马人"。

印加帝国的社会制度是早期奴隶制，国王是统治全国的专制君主，不仅立法、行政大权独揽，还是军队的最高指挥和首都库斯科太阳神的祭司长。除了国王的姐妹和妻子外，没有人敢正视他。臣民在觐见时，必须背负木柴、脚不穿鞋，行走时两眼注视地面以示恭顺。印加王的特权和高贵有两个标志：短发和象牙权杖。他出外时必须乘坐华丽的轿子，穿最精美的衣服，佩戴象征特权的头饰。驾崩之后，要以妻妾和奴仆献祭或殉葬，有时多达好几百人。在决定王位继承人时，国王要听取贵族理事会的意见，合法继承人必须"血统"纯洁，即只能是印加王与王后所生的儿子。王后称作"科利亚"，是印加王从自己的姐妹们中挑选出来的最漂亮、最丰满的一位。除王后外，后宫中的女人很多，可谓妻妾成群。

印加帝国分为4个行政区（苏尤），北部是钦查苏尤，包括今天的秘鲁中部、北部和厄瓜多尔；西南部是最大的科利亚苏尤，包括今天的玻利维亚、阿根廷和智利；南部是孔德苏尤，地处秘鲁南部；东北部是安蒂苏尤，占据安第斯山脉中段地带。这4个行政区合称"塔万蒂苏尤"，即"大地的四方"。行政区最高长官叫"苏尤约克阿普"，由贵族世袭充任。同时组成贵族理事院，附属于国王之下，负责王位继承人的挑选。苏尤以下是统辖4万户的军区，长官叫"马志尼"。军区以下是"村社"，这种社会的基本单位，每个约有100户的人家，共同住在一个村庄内，或者散居在许多邻近的小村落里。村长叫"帕查卡—卡马约克"，村社成员都属同一血统亲属，受同一族神的保护。

第四章　美洲古文明

此刻的印加奴隶制文明是南美各洲各地文明的集大成者，这个美洲古代最发达的文明，不仅有比较发达的农艺，而且在建筑、道路、冶金、纺织、制陶、医学、天文历法等各方面都取得了伟大成就。印加文明深远地影响了南美近现代文明的发展。

　　在15世纪中叶至16世纪初，印加帝国达到鼎盛时期，领土约200万平方千米，人口达600万，是南美洲大陆史前时代拥有最大版图的帝国。据考察，有两条大道纵横印加帝国全境：一条是沿海大道，北起今秘鲁西北角城市通贝斯，沿滨海沙

安第斯山

漠向南直到智利中部，全长5200千米；一条是高原大道，北起今哥伦比亚和厄瓜多尔边界处，穿越厄瓜多尔秘鲁和玻利维亚中部，再从玻利维亚分出两支，一支通向今阿根廷境内，全长5300千米，另一支通向智利，全长5600千米。高原大道穿越安第斯山，沿途开凿隧道，架设木桥、石板桥和吊桥。印加人沿路树立里程碑、建造驿站，信使们可以迅速地传递信息。

　　印加帝国鼎盛之时，西班牙殖民者却突然来临。1524和1527年，西班牙殖民军头目弗兰西斯科·皮萨罗率军两次侵犯，均遭惨败。1531年1月，他又率领180名士兵，分乘3艘帆船从巴拿马出发，1532年9月在秘鲁北部沿海登陆。适逢第十一代印加王瓦依纳·卡帕克病故，其子瓦斯卡尔和阿塔瓦尔帕为争夺王位而内讧。皮萨罗抓住机会，率军开赴印加帝国北部重镇卡哈马卡。西班牙殖民者以欺骗手段将内讧中获胜的阿塔瓦尔帕囚禁起来，要他用金银来赎身，条件是用黄金装满囚禁阿塔瓦尔帕的那间长6.7米、宽5.2米的牢房，还要用银子填满隔壁两间较小的房间。阿塔瓦尔帕为获得自由，答应了西班牙人的要求。印加人闻讯后，

纳斯卡巨画

为赎回领袖每天不停地往卡哈马卡运送金银。但是凶残狡诈的皮萨罗却违背诺言，于 1533 年 8 月 29 日判处阿塔瓦尔帕绞刑。随后挥兵南下，于 11 月 5 日攻占印加帝都库斯科，印加帝国宣告灭亡，结束了 400 年以上繁荣的帝国历史。

今天，印加帝国最著名的遗址，是建在马丘峰和华伊纳峰之间的马丘比丘。

印加人卓越的工艺技术和科学文化

如果说玉米文化是印加村社社员的创造，那么以手工业工艺技术为主的科学技术便是奴隶、奴仆、杂工和手工业者的创造。印加帝国的世袭奴隶叫"雅纳科纳"。据传说，雅纳科纳起源于印加王对某一个地区反叛部落的惩罚。有一次，数千名反抗印加统治的起义者及其同情者在起义失败后，被强制性地赶到雅纳科纳城，起初印加王想处死这些反叛的人。后来，由于印加王后的讲情，而让这些人改为服劳役和做杂工，这些人就以该城名字而得名为雅纳科纳，成为终身奴隶，他们为主人所有，完全受主人支配，没有任何自由。印加奴隶和手工艺人不仅继承了古代安第斯山地区人民的农艺、冶金、建筑、纺织及制陶方面的生产传统，而且在手工艺技术上有新的发展与创新，并在医药学、天文学和历法等方面取得了卓越的成就。

每年夏天，印加统治者驱使大批"雅纳科纳"开采矿石，主要有铜、锡、银、铅等矿石，但是，他们还不知道炼铁的工艺。

印加人的冶金工艺技术有长足的发展，他们一方面受安第斯山地区人民金属加工技艺的影响，进行黄金加工；另一方面同时受到被征服地区，特别北部沿海奇穆工艺的影响，主要进行青铜合金工艺加工。据历史文献记载，印加国王曾把奇穆的冶金工匠迁到首都库斯科来发展冶金业。

印加冶金技术发展主要表现在加工技艺的多样化和浇铸技术的完善化。印加人懂得对金属进行各种加工，锻造、冲压和镶嵌工艺主要用来制作金银器皿、斧、

印加古城——库斯科

镰、棍、针和半圆形刀等工具。印加人的浇铸技术极为高超，他们采用成型蜡模浇铸，先用泥沙制成模型，在它上面涂上一层蜡。蜡模经过仔细加工后，再被附上一层新的泥沙。在模型上部留下一个孔，把熔化了的金属注入孔内。蜡层溶化后，从下面的孔流出，原来蜡层的位置就被金属所占据。冷却后，再把泥沙模型打碎，金属铸件便成型了。浇铸主要用来制造铜和青铜物件。

印加人冶金技术的发展直接刺激了装饰艺术的发展。他们用金银制成男女人像和骆马塑像。库斯科太阳神庙的太阳神金像和金银装饰品，更显示了印加人在装饰艺术方面的突出成就，其技巧已接近欧洲的"文艺复兴时代"的制品。金属装饰艺术也体现在印加贵族们的生活之中，根据考古发掘的材料，在一个贵族的坟墓中，往往藏有几十镑到几百镑用金、银制成的各种装饰品。

印加人的创造才能还集中表现在纺织技艺上，他们的某些织物至今仍无可与之相媲美之物。与此前相比，印加帝国时期织出的布更加精细。如1000年前留下来的一幅地毯，每英寸（1英寸＝2.54厘米）含纱线达500根，而欧洲中世纪的地毯每英寸只有100根。在今天秘鲁南部沿海皮斯科附近出土的木乃伊套服，被称作是"世界纺织品奇迹之一"。

印加人纺织物分毛织品和棉织品两大类，其织物品种之多，

足以使现代的观赏者惊叹不已，为他们古老而神奇的技艺所折服。在印加人的织品中，既有简单结实的单层布，也有精致美观的双层布和多层布。布面上的花边色彩多样和谐，主要颜色有红、黄、橙黄、深褐、蓝、紫红、绿、白和黑色，每种基本颜色又有深浅不同的区别。这样，印加人可以染出 190 种色调不同的线。

古代印加人

纺织技术的发展刺激了装饰画的发展。印加人喜欢在衣服、毛毡、布匹等织物上面绘制装饰画，题材主要取自于自然界，除了植物和动物外，还有人类的活动和各种几何图形。几何图形呈方形、圆形和三角形。几何图像也很讲究对称性。在这些装饰图案中，印加人还夹杂使用金光闪闪的金线和色彩鲜艳的羽毛，这使印加纺织品更具有独特的美学意义。

印加时期有原始的竖式织布工具和横式织布工具，这两种工具都有两根平行的横档。用这种工具织布时，上面一横档固定在树干上，下面一根用一条长带子系在织工的腰带上，织工坐着或跪着工作。

同纺织业相比，印加帝国时期的制陶业不够发达，但也有一定的发展。陶器的主要特点是具有引人注目的磨光技术，其雅致的装饰、优美的几何图案和绮丽的色彩都令人赞叹不已。陶器的几何图案精美小巧，具有平衡和对称的特征。与纺织品一样，陶器上饰有菱形，还经常绘有印加国家的自然景色、历史情况以及花鸟等画面。这些既具有浓厚的生活气息，也表现了印加人的审美意识。

印加陶器制品以瓦罐和钵头最为闻名。瓦罐大小不一，它的外形是肚大而圆，上部有两个竖提手，罐口边成喇叭口形，有的还有两个较小的提手。有些瓦罐特别富于表现力，形似人体，在器皿的颈部雕出眼睛、嘴巴和鼻子。在这种瓦罐艺术品的正面，罐体与上部的衔接处雕出一个动物的小头，它不仅作为装饰，而且可以用来穿绳，把器皿背在背上。圆锥形的底部便于装水，也便于保持平衡，避免用力时倒翻，大瓦罐在印加人生活中，是一种很实用的器皿。

印加人的建筑用料主要是玄武石、中长石、闪绿石，有些石料重达几十吨至百吨。石块经过加工，方方正正，有的石块因形就势，位居其所。各种石墙都有一个共同特点，即石块和石块的接合处，非常严实，甚至连最薄的刀片也插不进去。有的专家据此推测，印加人已经会应用模型或以建筑平面图进行工作。印加人建筑所使用的工具是石制工具和少量金属工具，石块和石块之间不用任何黏合物，而又结合得那么坚实，简直是天衣无缝，堪称天下一绝。

印加人的建筑主要是宗教建筑、军事建筑和世俗建筑，它们结构简单，朴实无华。

印加建筑的风格有三大特点：

首先是人工建筑和大自然和谐地结合在一起。世俗建筑由于空间、时间不同，有不同的风格，但却着重同自然协调，沿海地区以砖坯结构为主，山区以石料结构为主，森林地区以木质结构为主。大型的军事建筑也注意建筑结构同自然环境的协调。印加人常把人工凿成的建筑石料移植在巨大的天然岩石上，使得建筑物与地形浑然一体。印加人更喜欢用石块建成水渠，使断断续续的泉水连接起来，形成一条间有小瀑布和水池的小溪。

其次，是注意建筑的民俗性。首都库斯科城是印加人建筑的象征，主要体现了首都的中心地位和地方民俗多样性的结合。另一个特点，是印加建筑的高大、巍峨与壮观。

印加的主要建筑，除了我们后边要提到的太阳神庙外，还有萨克萨瓦曼城堡，它特点鲜明，别具一格。

萨克萨瓦曼在印第安克丘亚语里就是"山鹰"之意，或者说是"帝国猎鹰"的意思。还有一种说法是"太阳之家"的意思。萨克萨瓦曼城堡是建筑在海拔 3700 米的山峰之巅，可以俯瞰库斯科城的巨大防御体系。它既是保卫库斯科的要塞，又是作为防御工事的城堡，更是库斯科城被围困时供所有居民的安身之地。据传说，这座古堡是印加王帕查库蒂设计的，约在 15 世纪 70 年代，卡帕克·尤潘基时期动工兴建。人们推测，印加各地人民轮流出工，每班 2 万人，工作 1 个月，这样的建筑工程竟然持续了 50 年以上，直到西班牙殖民者入侵之前，还没有完全竣工。我们可以完全有理由认为，萨克萨瓦曼堡是美洲印第安人最伟大的工程之一。

萨克萨瓦曼堡建筑群占地面积 4 平方千米，从上到下，有 3 层围墙，每道城墙都高 18 米，依山势而建，蜿蜒曲折，气势宏伟，最外一道城墙长 540 米以上。这些城墙是用巨石砌成，其中有一块巨石，高 8 米，厚 3.6 米，体积为 121 立方米，重达 200 吨。城堡的层层台阶由许多独块石板铺成，长达 800 米。古堡的最高区域是由三座塔楼围起来的一个整齐的三角形。圆柱体主塔基层呈辐射状，主塔内有一个温泉，供印加王沐浴享用。其他两个正方形塔楼是驻军的地方。三座塔楼由石头砌成的地下通道相通。这座古城堡以其结构复杂，构筑新颖，规模庞大宏伟，坚固无比而著称，充分显示了古代印第安人的高度智慧和创造才能，也显示了印加帝国的强大和威严。

萨克萨瓦曼堡也是印加人哲学思想的体现。据专家们研究，印加人相信三重世界的哲学，上层是神所住的地方，下层是水和火，中层是人。这三重世界是由彩虹和闪电连接而成的。所以，印加人把城墙修成闪电形，就是取贯通三重世界之意。这不禁使我们想起人类历史发展的长河中，许多民族古代都有天堂、地狱、人间之说，可见，历史上各国人民虽然各居一方，信息隔绝，但其思维方式却十分相似。

印加人在医药治疗方面，特别是外科手术和用草药治病上也取得了令人惊奇的成就。印加帝国民间广泛流传着妖术和巫术，它是同宗教密切相连的东西，里面却含有某些医学成分。巫医们推测，疾病是由惊吓或灵魂附身、本人罪孽或使人中妖术而引起的。他们推断出病因后，就用魔术驱妖，并用草药治疗疾病。据《印加医学》一书统计，为印加人熟知的草药名有 600 种之多。印加人最常用的药材是奎宁、吐根、香膏、番木鳖和可可。研究医药史的专家们还指出，是印加人民首先发现了金鸡纳霜、古柯碱、颠茄、洋地黄等药品，它们丰富了人类的医学宝库。

印加人在天文学和历法方面独树一帜。印加历法是印加人长期观察天体和行星运行的结果，同时，它同农业的发展也密切相关。印加人根据对许多行星的观察演算出一种太阳历法，还根据对太阳位置的观测确定出农业周期。为了观察天体，他们在首都库斯科东西两侧建造了 4 座观测塔，在库斯科的中心广场上建筑了一个天文观测台。人们从太阳影子的倾斜角度和长度的变化，就能够测知日辰。印加人还确定出冬至和春分的时间。

印加人有太阳历和太阴历两种历法观念。根据太阳历，一年分为 365 天零 6 小时。根据太阴历，一年分为 354 天。印加历法都规定一年有 12 个月，一年的开端和结束都以 12 月的冬至日为标准。这一天正好是雨季的到来之日。印加人民还把日月和星辰都视为神灵，他们历法中的每个月都有专门的名称，分别表示相应的宗教仪式和活动。12 个月的名称是：

一月：乌丘克·波科伊

二月：哈通·波科伊

三月：保卡·瓦拉伊

四月：艾里·瓦伊

五月：艾穆拉伊

六月：因蒂·拉伊米

七月：安塔·西图阿

八月：卡帕克·西图阿

九月：乌玛·拉伊米

十月：科亚·拉伊米

十一月：阿亚·马克

十二月：卡帕克·拉伊米

印加人发明了度量衡。测量长度的单位以人体的四肢为基础。最长的长度单位是手臂的长度，其次是相当于大拇指和食指伸开后之间这样宽的长度，测量土地用的单位是图普。

离太阳最近的城市

秘鲁南部安第斯山脉南段的库斯科盆地中，有一座高原城市库斯科，在 16 世纪西班牙殖民者入侵南美洲之前，这里曾是印加帝国的统治中心。

印第安语中库斯科的意思为"离太阳最近的城市"，库斯科的起源有一个美丽的神话传说：很久以前，创造神比拉科查在的的喀喀湖心太阳岛上创造了一对青年男女，男的叫曼科卡帕克，女的叫玛玛沃奥，两个人相亲相爱终成眷属。创造神教会他们各种技艺，赐给他们神奇的金杖，并示意他们寻找金杖沉没之地并在那儿定居。年轻夫妇遵照神的旨意，带着金杖浪迹天涯。一天，他们来到了库斯科盆地，像往常一样将金杖插入地里，顷刻之间金杖消失，他们为找到神灵指引的地方而异常兴奋，于是便在这里安居乐业，后来建立起库斯科城。

库斯科城位于海拔 3400 米的库斯科盆地，由 12 个区组成。城内有王宫、官邸和中心广场。库斯科是印加文化的摇篮，从公元 1000 年至公元 1533 年，一直是印加帝国政治经济文化和宗教中心。印加帝国强盛时期分为 4 个"苏尤"行政区；与 4

库斯科全景

个苏尤相应，库斯科城又分为 4 个区域。

各地酋长在库斯科建造房屋，以备朝见君主时住宿。这些朝见者如果是来自北方部落的，就住在城北；来自南方的就住城南，来自东方的就住城东，来自西方的就住城西。而每个酋长的房子又由他们子民的房子围绕着。若是有人走遍库斯科的街区，就如同游览了整个帝国。因为不同的街道代表了不同地域的习俗，所以可以说库斯科是印加帝国的缩影。正如西班牙的史学家所说的那样，库斯科是世界的"肚脐"（或中心）。

库斯科最负盛名的古建筑物是比拉科查宫殿，长 160 米，宽 130 米，内设有祭祀比拉科查的神庙。这座宫殿在西班牙人入侵后遭毁，取而代之的是历时百年才竣工的拉孔帕尼亚大教堂。

古代库斯科城的中心是正方形中央广场，边长 183 米，历代印加王宫就集中在广场周围。从中央广场开始，随着距离的增加，建筑物由石砌的宫殿府衙逐渐变成泥墙茅舍。印加帝国最伟大的帝王帕查库提时代，在这个广场上曾举行过盛大的阅兵式和宗教仪式活动。每逢祭祀典礼，广场中央供奉着用黄金制成的太阳雷闪电等诸神像，两旁的金御座上，供奉着历代印加帝王的木乃伊，众神之像前，成群的骆马在祭司的祷告声中成为刀下之鬼，而当印加帝王露面时，祭祀活动就达到了高潮。

拉孔帕尼亚大教堂

城内最大的宗教中心是科里坎查太阳神庙，印加帝国到印加罗加为止，历代帝王都居住在这里。太阳神庙是长方形建筑物，长70米，宽60米，附属有王宫和祭司的府邸。这座太阳神庙，秘鲁历史学家加西科索·德拉维加（1539～1616）描述道：

"太阳神庙……整个庙宇是用精心修整的平坦而巨大的石板砌成的……大殿的四周墙壁从上到下全部镶上较厚的纯金片，所以这座神庙得名金宫。在正面墙壁上有太阳神偶像，太阳神是个有男子脸形、周围环绕着光芒和火焰的人，绘画用黄金制成的圆片。它面朝东方，在受到初升的太阳光直接照射时，就放射出万道金光。在太阳神偶像的左右两侧，按照古代习俗在金御椅上供奉着历代印加王的木乃伊，远远望去，它们就像复活了一般。大殿中央置有一个华丽的御椅，举行典礼时，印加王便坐在御椅上。"

太阳神庙的附近建有5座正方形小神庙。第一座小神庙供奉着太阳神；第二座小神庙供奉着众星神；第三座小神庙供奉雷神和闪电神；第四座小神庙供奉彩虹神；第五座小神庙专供祭司使用，据说其墙壁均是用金银宝石装饰的。这些神庙里的金银珍宝全被入侵的西班牙殖民者洗劫一空，然后熔化掉了，十分可惜。

太阳神庙与5座小神庙环绕在一个名叫太阳广场的庭院周围，庭院中有玉米地和5个喷泉。这里种植的玉米是专供举行盛大祭祀活动时供奉给太阳神的。5个喷泉的水源是由埋在地下很深的黄金水管引入，据说是专供印加帝妃婚前沐浴净身用的。泉水盖用纯金制成，上面雕刻有太阳神像，据说这个黄金水盖后来被一个名叫雷扎桑德的西班牙士兵掠走，他在一个夜晚的狂赌中又将这个金盖输掉了，最后不知所踪。

太阳神庙的西南部有一座献给太阳神的黄金花园，园中的花草树木飞禽走兽以及人物全是用黄金和白银制成。据加西科索·德拉维加记载：

"从植物发芽到开花结果，其成长过程都经过精密的仿照。小鸟栖于林梢鸣叫，蝴蝶和蜜蜂在花丛中采蜜……各种动物形象栩栩如生，搭配得当，使人难辨真假。"

相传西班牙殖民者进入花园后，信以为真，直到用手采撷花朵时才发觉全是黄金和白银做成的。

库斯科四周设有用于防御的四座古堡，西北部的萨克萨瓦曼堡最为著名，该堡在印第安语中意为山鹰。古堡筑于山坡上，有三重围墙作为屏障，围墙依山而建，墙高 18 米，最外面一道周长 540 余米，方圆 4 平方千米，全部用巨石垒砌，表面平整，接缝严密，最重的石头重约 200 吨。传说古堡始建于 1400 年，历时 108 年才完工，是否属实还不得而知。古堡建成后，印加帝王经常登临驻跸，甚至作为行宫。在库斯科市郊的群山中，为保卫着首都的安全，还建筑可以俯瞰全城的三座城堡以及很多的嘹望塔。而古堡所用百余吨的巨石是怎样从采石场运来的？又是怎样垒砌起来的？这些难解的谜团一直困扰着人们。

印加木乃伊之谜

印加木乃伊和埃及木乃伊一样闻名世界，但它比埃及木乃伊更多一些神秘的色彩。

1999 年，考古学家们在吕莱尔莱柯山上找到了 3 具保存极为完好的印加木乃伊。经分析，专家认为，这 3 具木乃伊在离开这个世界时还都是孩子，被当作献给天神的祭品。秘鲁沿海一带的干燥沙漠使得这里出土的木乃伊都完好无损。这些木乃伊体积庞大，以棉线

发现木乃伊

缠绕，有的甚至是 7 具被包在一起。部分木乃伊还带有另一项特征：它们的头是假的，由包裹起来的棉花做成。

随着挖掘的深入，越来越多的木乃伊出现了，也带来了更多的线索。从死者的财富看来，他们应该是印加子民。近 5 个世纪

之后，一支国际探险队经过一周的勘探，发现遗址的内涵远比他们预料的丰富。祭坛、石头建筑的发现帮助人们了解印加人最后的生活情况。

专家们借助 X 光和内窥镜，看到了木乃伊所戴的华丽的金属臂环、项链，漂亮的羽毛、精制的帽子，还有陶制品。埋葬在此的人是谁？他们在古代王国中扮演着怎样的角色？每一件物品都能提供更多的线索，同时引出更多的问题。近几年来，考古学家在秘鲁已经发现了上千个的木乃伊，大部分的木乃伊源自 5 个世纪以前的印加文化，其中大约 2000 具是 2002 年在靠近首都的贫民窟里被挖掘出来的。

考古学家于 2004 年 3 月 5 日在秘鲁首都郊区，靠近印加墓地的公路干道上，发现了 26 个墓穴中有大量的木乃伊，而且每一处都有一个或是多个成人和小孩在一起，这些人生活的年代大约是在公元 1472～1532 年。

考古学家说这是秘鲁最大的印加墓地，也是西半球中被挖掘的墓地中最大的一块。这里的木乃伊是半埋葬的，有一些木乃伊已经被破坏了，其中有些甚至暴露出头颅骨，还有许多包着和他们身体绑在一起的衣袋并缩成一团的木乃伊，所以很难统计这些木乃伊的正确数目。

专家认为："这些木乃伊生前是当地的居民，是我们现在所谓的中产阶级，属于印加法兰帝国时期的人类。"而且据推测，他们是纺织品的制造者，"在墓地里，99％的工具，像是编织针和织布机，都是用来生产这些从女装到衣料染色等的纺织品。"这一发现的重要性在于它们都很完

印加木乃伊

整地被留下来，而且根据环绕在这些木乃伊周围的证据显示，他们是在宗教典礼的仪式之后才被埋葬的。除此之外，尚有小麦、豆子、古柯叶子和茶壶等遗物遗留下来。

从前有关印加文化的资料，都是源自零散的墓地，大多只有几具单独的木乃伊，不足以对印加文化下肯定的结论。这批埋在地底下超过 500 年的木乃伊目前已被挖掘出超过 2000 具，有男性、女性和小孩。考古学家相信这里埋葬了超过 1 万具木乃伊。

这些木乃伊的埋葬地点选择得非常巧妙，他们被葬在秘鲁沙漠极端干燥的土壤中。在那里，曾有 20 年滴雨未下的记录。有考古学家表示："在这样的环境条件下，木乃伊被保存得非常完好。我们单凭肉眼观察就能鉴别出木乃伊的性别，而且有些木乃伊的眼睛都还没有烂掉。"

考古学家在修复这些木乃伊的过程中发现了一个有趣的现象，有些木乃伊被捆在一起，看起来像一个"大茧"。一个"茧"中最多有 7 具完整木乃伊，重量达到 180 千克。有些"茧"中有大人和小孩，用几层棉布和精美的纺织品包在一起，专家猜测也许他们是属于同一个家庭的。

大约有 40 个"大茧"被装上了人造的头颅。有的头颅被装上了假发，这些头颅会装在印加上层阶级的木乃伊上。在这次发现以前，考古学家仅发现过一具装有这种头颅的古印加人木乃伊。科学家们预计要花费数年时间来发掘和研究这个木乃伊群。

印加冰冻少女之谜

在安第斯山脉，大概位于海拔 5182 米以上的祭祀遗址都属于印加文化。1532 年，印加王国的疆土从哥伦比亚扩展到智利中部，延伸了 4023 千米，是当时西半球最大、最发达的文明之一。在西班牙人的记述中，印加人用小孩来祭祀山神，祈求水和丰收，而安姆帕托是这一流域最重要的山神之一。

安姆帕托是印加的山神，印加人用最珍贵的东西"生命"作为祭品，祈求它赐予生命之水、带来谷牧丰收。1995 年被发现的冰冻印加少女，就是 500 年前一次印加祭礼中的祭品，她年轻的生命属于山之神纳瓦多·安姆帕托。她安眠在陶土的墓穴中，没有任何挣扎、勒杀、殴打的痕迹，人们猜测或许她在被埋入之前就已经死去。

1995年，登山运动员和人类学家约翰·瑞哈得和米盖尔·扎瑞特在多次登上安第斯山峰，完成了各种考古发掘工作后，第一次见到了当地的一种奇特的木乃伊。

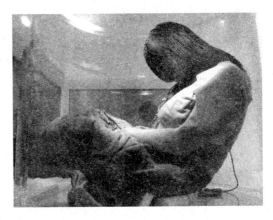

印加冰冻少女木乃伊

作为登山运动员和人类学家，约翰在安第斯山脉和喜马拉雅山脉生活了23年，这些地区的古老民族对山的崇拜一直深深吸引着他。一些织物的碎片零落地散布在木乃伊周围，附近的冰面上，他们又发现了一个用贝壳雕成的女性小雕像、骆驼骨、陶器碎片和两个装有谷壳和玉米穗的布袋。米盖尔则用冰斧凿开冰层，将冻在岩石上的木乃伊取下来。他们终于看清了木乃伊的面目，那是一张印加女孩的脸。

考古学家在安第斯山区仅发现过几具冰冻木乃伊，而且其中没有一具是女性。这个女孩，年龄估计有十几岁，可以猜测得到，她是作为祭祀仪式上的祭品被掩埋在安姆帕托山顶的。由于近年来的山脊崩塌，冰层和岩石顺着山坡下滑，将她从墓穴中带了出来。

由于山脊崩塌时的巨大摩擦，木乃伊最外面的一层织物已经被扯散，裹在里面的贝壳雕像和其他随葬品跌了出来，所以才散落在周围的山坡上。女孩的面部已经风干了，约翰和米盖尔试着将她搬起来，她身体的大部分还未解冻，足有36千克重。

这具木乃伊被带到约翰在秘鲁的研究基地——位于阿瑞奎帕的天主教大学考古系。约翰找来生物系主任乔斯·卡瓦兹，检查木乃伊的解冻情况。"我们把她放进冷藏室的时候，裹在外边的织物仍旧有冰。"乔斯说。

"这是个世界性的重大发现，她是迄今发现的冰冻木乃伊中保存最完好的！"这是康纳德·斯皮德检查完木乃伊所作出的结论，康纳德是奥地利著名的提洛尔冰冻木乃伊研究组的负责人。科学家给安姆帕托木乃伊起名为胡安妮塔，这是第一个女性冰冻木乃伊，而且这也是在美洲发现的木乃伊中最完好的。

根据有关资料，印加民族于 1450 年来到这个地区，而西班牙在 1532 年征服了他们，因此可以推测，胡安妮塔大约死于 500 年前。胡安妮塔的身体组织和器官完好无缺，并且是自然风干，她冰冻的身体就像是一个生物学资料仓库。通过她的 DNA 可以分析出她来自何方，属于哪个部族。而她胃里的残存物，为科学家研究古印加的食物结构提供了资讯。在胡安妮塔身边发现的羽毛编织袋里，科学家发现了 500 年前的供品——古柯叶，虽然它与现在的古柯植物没有什么不同，但利用先进的生物化学分析技术，科学家仍试图确定这些植物最初的发源地。

胡安妮塔的外衣引起了纺织考古专家的兴趣，她每一件织物都图案精美、色彩绚丽。来自华盛顿国家艺术馆的威廉·康克林，是史前美洲纺织品的专家，他看到胡安妮塔亮丽的红白条纹披肩时，情不自禁地称其为世界上最精美的印加织物。胡安妮塔的着装与 14 世纪的西班牙人潘多·雷恩在其书中的描述相吻合：她的衣饰是当时库斯科贵族妇女中最风行、最华丽的，毫无疑问，这将成为今后描述印加贵族妇女衣饰的范例。不过，一些外衣对胡安妮塔而言似乎太大，人们不理解为何要为她准备不相称的衣饰呢？也有人推测，因为印加人相信，女孩在死后仍然会长大成熟。

保存冰冻木乃伊，并不是简单地将它放进冷藏室，冰冻木乃伊的保存并没有规范的先例标准。从理论上来说，冰冻木乃伊的身体和其外部的织物，应该贮藏在比较潮湿的环境，而头部贮存湿度相应较小。经过讨论研究，来自几个国家的专家们达成一致：将冷藏温度保持在华氏 0～7 度，湿度保持在 80%。将衣物与身体分离保存也非常必要，科学家们褪下女孩的衣物，这是精细而紧张的工作，剥离织物要小心翼翼，既不能扯坏衣物，也不能损伤女孩的皮肤。为防止木乃伊融化，科学家还必须控制其离开冷藏室的时间。

分离织物的过程中，科学家又有新的发现。女孩的辫子被一根黑色的细驼毛线系在腰带上，由此可以推断她死前或死后，有人曾为她精心装扮，因为她是联系族人与山神的使者，人们对她充满了敬重。她的衣服，都用精致的别针别住，上面用细线吊着各种木刻的小盒子、酒器、类似狗和狐狸的器物。

最令科学家震撼的是女孩的右手，她用右手紧紧地攥住自己的衣角，这是紧张、痛苦，还是决心呢？胡安妮塔身上还有许多未解之谜，进一步的研究，还需要更多科学家的参与，不仅是考古学家、人类学家，还需要各学科专家的共同协助。

印加开颅手术之谜

15 世纪的时候，意大利著名画家吉罗拉莫有一幅画表述了 3 世纪罗马圣徒给睡眠中的病人移植小腿的手术情景，看来这并非单纯的想象。然而，远在千里之外的印加古国，人们已经做到了这些。

1863 年，美国外交官、人类学家爱弗雷姆·乔治·斯奎尔在秘鲁探寻古董时，无意中有了一个巨大的发现。他在参观一个私人考古收藏展时，被一个印加头骨上的矩形缺口深深吸引住了，凭着自己多年来的经验和职业本能，他产生了一种莫名的异样感觉，最后他决心买下这个头骨。对他而言，抑或也是对印加甚至人类文明而言，头骨幸运地被送到法国解剖学和体质人类学家保罗·博罗卡那里，结果经过博罗卡的鉴定，这是古代头颅上令人叫绝的精确的切割术的成果。斯奎尔怎么也不会相信，这会是几千年前的印加人的颅骨手术痕迹，他们真的有这么高超精湛的医疗技术么？

在秘鲁马丘比丘出土的这具头骨，高 18.4 厘米，宽 13.8 厘米，颅骨上有 5 个穿孔，没有颌骨。据秘鲁考古专家证实，这是一个青年女性的头骨，它特别的地方就是头骨上的环形穿孔，根据秘鲁的记载，这些环形穿孔是古代颅骨切割手术留下的痕迹。

经过缜密观测，这块头骨的周围似乎有被感染过的痕迹，博罗卡认为手术是在活人的头骨上操作的，极有可能是出于某种医疗目的而实施的。头骨的矩形切口是在局部切出沟痕，然后逐渐深入，最后将这块头骨取下来。在古人的手术中，还有一种方法就是环切，而这块头骨的环切是环锯术中最为成功的对部分头颅的切割技术，12000多年前的非洲地区和6000多年前的欧洲地区就采用过这种手术。不过，那些大多是出于迷信的原因在死人的头颅上切割的，而对秘鲁人环切头颅进行的研究表明，这可称得上极具魄力的外科手术！有一些头骨的两侧，明显能看出有医生做环切手术后的痕迹，切割的圆槽不断扩大直到最后能够拿下骨头片。从推测来看，病人大概进行了5次这样的手术，每次手术都顺利得令人惊诧，这种结果的确令人惊讶。

秘鲁最早的一例环形切割术约在公元前400年，当时的外科医生动用了力所能及的一切原始工具，诸如刀子、镊子、手术刀、锤子和凿子等，但是所实施的脑部手术却很精确，每一个具体步骤都表现出外科医生对手术操作惊人的娴熟！结合现代医学上的手术，可以想见在古印加人中采用那么简单的工具却能进行那么高水平的手术，不能不说是印加文明的一大亮点！

在出土的头骨中，有一些看似"破坏"程度非常严重的头骨，但经过考古研究表明当时做环形切割术的病人却奇迹般地活了下来！更神奇的是，据说印加开颅手术的奇特之处，不仅在于它能够解决一般的头部疾病，而且能够解决神经问题，这一点不能不让今人咋舌！

印加人的开颅手术如果被证实，那么它在带给人们一大堆疑问的同时，也让世人为其高超的手术水平而倾倒。

印加人的穿颅术充分显示了他们在当时世界外科医术上的领先地位。他们经常对头盖骨施行穿颅术，以取出头部挫伤而造成的骨头碎片，或治疗患有精神病的病人。印加医生使用的手术工具是呈"T"形的铜刀和十分锋利的石头工具。外科手术也使用两种麻醉药对病人进行麻醉。一种是含有大量酒精的饮料；另一种是从一种名叫"古柯"的灌木叶子里提取作麻醉药的古柯硷，这是他们最常用的麻醉药。印加医生已懂得使用绷带和纱布。

在秘鲁被发现的数量很多的开颅头骨，远远超过了世界上其他地区。难道这说明印加人对开颅手术情有独钟？还是想从大量的开颅手术中寻找什么？抑或是古印加医生认为开颅是件轻而易举的事？这些不能不引起今人的困惑。

第四章 美洲古文明